房仲勝經 (新版)精要

房仲勝經

新版 精要

范世華、張欣民 ◎ 著

「書中自有黃金屋」
兩位作者專家一同與您分享
房產的財富智慧！
《房仲勝經—縱橫億萬商機》

房仲勝經
縱橫億萬商機

沒看過這本書，別說你是專業的房仲人！
沒看過這本書，別說你了解房仲！

智庫雲端

張欣民

房仲*勝*經（新版）精要

張欣民、范世華 ◎ 著

房仲必修的智慧寶典／千萬經紀人的武林秘笈

【前言】
千變萬變，房仲領域不變的精要

　　一本著作要在現今閱讀市場能夠受到矚目非常不容易，而又要能在專業的領域受到肯定奉為經典更是不易。2013年初版《房仲勝經-縱橫億萬商機》一書，時正台灣房市紛亂變局的年代，多空交戰、大起大落，因為市場環境、政策、金融......等等的變數而震盪，房仲業洗煉了多少人才？又有多少人在這些震盪之下進進出出？可是不論不動產的法規、政策、稅制、金融......如何變化，房地產仲介的從業人員，在房地產交易市場的這一塊領域，有一些作業上的必要知識與業務上的智慧，是永遠不會變的，即便未來市場的遊戲規則政府還會怎麼再變，這些房仲勝經的內容精要，絕對是你非懂不可的！

　　房仲因為品牌競爭，各家各有各的教育理念，但是

就房地產的買賣交易、市場服務、業務領域的學習這一塊，整體業界仍缺乏一套共通的知識庫，自《房仲勝經-縱橫億萬商機》出版之後，這本書不僅提供從業人員實力精進的進修內容，也成為各中小品牌房仲新鮮人的必修寶典，發行不到 2 年市場即銷售一空，然而因應時事多變，相關數據之新增統計資訊內容增訂及編修不易，遲遲未能再版，即使迄今因為諸多法令政策一改再改，發展趨勢和各項市場數據一再新增多變，房仲這個產業每年、每月還是一直不斷都有新人、新血的加入，因此仍有許多消費者與業界人士對於本書內容價值之肯定，不斷反應期待再版之渴求。

現在，新版的《房仲勝經》，我們排除掉法規、政策、可由網路彙整查詢......或與時間影響而有變數的資訊，保留所有不被時事、法規、政策所左右影響的精要內容，將房仲業務與房屋買賣交易最精華的內容整理編輯，去蕪存菁，更精簡的呈現，讓您可以用更薄、更省的預算來買到它，獲得全新最精闢、實用的房地產買賣知識學習。

【序】為房屋的買賣交易牽成
千萬年薪的房仲入門

　　房屋仲介這一項產業，說正格的，可是非常競爭而且殘酷現實的一個業務生態，因為以獎金制度的分析來說，房仲的薪資結構，是由房屋成交的價金之中，抽取一部分的比例做為服務費的報酬，因此若沒有房屋委託銷售的案件出售成交，就沒有任何一毛錢的營收可言。況且房仲業是沒有週邊商品可言的，營業的目的就是為了服務房屋的買賣，不是「成交」、就是「沒成交」。

　　結果不是 0 分、就是 100 分。

　　「成交」是指自己真的促成了買賣；而「沒成交」則有很多可能，比方說屋主不賣了、一般約屋主自己賣掉了或是其他同業賣掉了。

　　因為現實的結果不是滿分就是零分，成王敗寇、贏者全拿的競爭環境之下，房仲業務為了生存，也必須要面對現實，尤其是在加盟店或是成熟的高專業務身上，在沒有保障底薪的條件下，所有競爭過程中的任何目的及手段，就是完全為了自己的案件成交去舖路，一切以達成業績冒泡為最終目標，否則一切都是零。

　　也就因為如此，傳統房仲在業務人員之間，普遍彌漫著所謂「藏步」的習性，將自己的本事和業務技巧暗自隱藏，不輕易的教導別人，因為同樣在 0 與 100 的競爭生態之下，教會了別人，結果讓別人賣掉房子成交了，是別人賺走了 100，自己反而是 0 了。所以為什麼常常聽一些過來人說，房仲業不好做，新人陣亡率和淘汰率非常高，其實就是這樣，因為資源都掌控在老鳥的手上。可是仍然有前仆後繼的新人不斷躍躍欲試，在一整群的砲灰之中，只有少數幾個可以吸取到養料，冒出頭來綻放花朵。

　　房仲業在台灣一路發展下來已不下三十年了，可是卻都一直沒有一套真正完整的房仲人才培育養成的學科知識，新人進入房仲領域，每一個人都得要從零自己摸

索，沒有真正統合的一套傳承系統，常常有人探索依靠旁門左道以不好的方式去達成個人的目的，只要有一兩個不肖的作為導致消費者的權益受損，就會影響消費者對於仲介的整體印象，壞了業界的風評。

而仲介的基本教育就已經如此紛亂了，菜鳥沒有任何產業領域的知識庫可以依循，更何況是一般消費者，能夠接觸到的房地產訊息，也可能僅按道聽塗說的拼圖方式，自己一塊一塊拼湊出似是而非的房地產觀念，往往反而因此無法綜觀市場的全貌，在買賣房地產的過程中，也無法真如預期得到良好的結果。

因此本書就要為房仲產業市場，完整的理出一套脈絡與規則，讓有心加入房仲業的新鮮人得以學習正規的仲介教育，專業的從業人員可以深入窺探市場的競爭版圖，也讓一般消費者能夠真正認識 - 房仲產業。

目錄

貳 - 業務實戰篇

五、認識產權與專業名詞術語

六、房地產行銷與業務技巧

【附錄】

合約範本

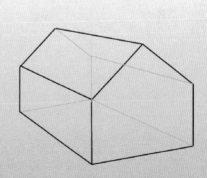

壹 - 市場競爭篇

一

從「田埂到馬路、平地起高樓」的台灣房仲業發展

I 台灣房仲市場的蛻變與成長

　　近幾年來隨著整體房地產市場景氣持續熱絡，台灣房屋仲介業也跟著蓬勃發展，開店拓點的數量及速度有直追四步一家五步一店之超商的架勢。在社會形象上，房仲業也從早期的「牽猴仔」負面形象，到現在是很多社會新鮮人求職選項的前幾名。如今國內房仲業已是一個年交易金額上看 2 兆 6 千億的大市場，更創造出年營收上百億的房仲集團，到底這個市場是如何演變、如何發展的呢？

雖然房屋仲介業在不動產經紀業管理條例通過後已經正名為不動產仲介經紀業，但市面上大家都還是習慣稱之為房屋仲介業，簡稱房仲業。從歷史上去追根溯源，房仲業的出現，最早應可追溯至西元前九百多年的西周時代，從陝西岐山董家村出土的歷史文物「衛盉銘文」中有以玉章、皮幣交換田土的記載。後經春秋戰國、秦、漢等朝代，逐漸建立起土地買賣制度。現存漢代的買賣契約中，則已有「中證人」的記載，或為早年「掮客」的始祖，但一直未成為一個行業。

至於台灣房仲業的濫觴，最早還是從「掮客」衍生而來，但是組織化經營還遲至民國六〇年代，若從第一家「地下」房仲公司勵行建設成立算起，台灣房仲業發展至今已有 40 年的歷史，若從第一家合法房仲公司太平洋房屋成立算起，台灣房仲業發展也有 30 年以上的歷史了，這期間房仲業經過了相當多的轉變，以其主要的轉變大略可分為四個時期，各期特色如下：

一、傳統掮客時期（1971 年以前）

在 1971 年以前，民間買賣房屋最普遍的方式，就是賣方自行張貼紅紙條於房子上或是房子附近的看板，

或是藉由口耳相傳傳遞訊息，這個時期多經由親友、代書、地方意見領袖或民意代表介紹得知房屋買賣訊息，因為是屬於兼差的性質，並無一定的服務收費標準，因此其介紹房地產買賣訊息的報酬，大多數由買賣雙方隨意給予意思、意思的「紅包」。

此時的中間人並不是以傳播買賣房屋訊息為主要職業，只能說是兼差或客串性質的「搞客」或「中人」，台灣地方上俗稱「牽猴仔」，既無固定的營業處所，也無法提供買賣雙方專業諮詢等工作。

二、房仲醞釀時期（1971~1984 年）

1971 年 10 月 31 日台北房屋成立，開啟了預售屋銷售的新紀元，台灣房屋市場從此發展出一手市場，接著 1977 年勵行建設成立，為全國第一家中古屋介紹買賣專業公司，首創仲介責任中心制，從此也宣告台灣房屋二手市場正式開展，而巨東建設也在該年成立，都是屬於樓面式的公司，此階段大部分的不動產仲介買賣，都是以跑單幫的方式進行，此時期屬於「暗賣」階段，主要原因在於其所從事的居間仲介行為尚於法無據，政府也不允許以房屋買賣介紹為業之公司設立，所以這時

期成立的「類房仲公司」，都是以「建設公司」、「廣告公司」或「實業公司」成立，但實際上是進行不動產仲介生意，有掛羊頭賣狗肉的味道，因其銷售物件都是屬零星的中古屋，故又稱作「零星戶銷售」公司，有別預售屋之整批銷售，這也是房屋仲介公司的前身。

三、房仲正名發展期（1985 年～1998 年）

1985 年經濟部正式開放房屋仲介公司可辦理公司登記，太平洋房屋公司於該年 6 月成立，成為國內第一家正式合法的房屋仲介公司，使得之前業者暗賣現象逐漸轉變，化暗為明。

1987 年經濟部又將商業團體分類標準中增列了「房屋仲介商業類」，並准成立公會，1988 年 3 月確立內政部為房屋仲介業的主管機關，此後房屋仲介業在主管機關及商業分類上有了其歸屬與定位，該產業終於得到了「正名」，名正言順，獲得該有的地位。

這時期可說是國內房仲發展活力最強的一個階段，1988 年 5 月台北市房屋仲介商業公會正式成立，為全國第一個房仲公會，王應傑眾望所歸成為第一屆理事長。很多房仲品牌也都是這期間孵育出來，中信房屋、

住商不動產、力霸房屋、永慶房屋、僑福房屋、二十一世紀不動產等，各業者為了在諸多競爭品牌中脫穎而出，像信義房屋率先推出「不動產說明書」、太平洋推出電腦出價制度、永慶房屋首創「產權七審制度」等等。

1990 年受經濟衰退、股市崩盤及房價下滑影響，房仲業者首當其衝，據了解，當時至少有三分之一的房仲業者退出市場，幾家大型房仲業者也紛紛緊縮經營規模，直營體系也紛紛改為加盟體系，最典型的就屬力霸房屋跟中信房屋。這個階段房仲業的發展，已經從醞釀期的樓面式經營型態，轉換成以店面式經營為主流，而且店面直營與店面加盟兩系統之發展也漸臻於成熟。

四、房仲法制擴張期（1999 年～迄今）

1999 年是國內房仲發展史上非常關鍵性的一年，也是國內房仲業從無法制規範進入法制化的分水嶺，因為該年 2 月 3 日「不動產經紀業管理條例」由總統公告實施，但為因應法制化後每個營業據點都必須要有一位不動產經紀人，因此在三年緩衝期之後，在 2002 年全面實施，自此宣告國內房屋仲介業法制化的時代正式來臨，房屋仲介業，正式的法定名稱為「不動產仲介經紀

業」，房仲業者從此「人必歸業、業必歸會」。

房仲進入法制時期之後，剛好碰到前一波房市景氣谷底期，業者為因應新的法令規範，又必須面對房市不景氣的嚴厲挑戰，法制化的前三年可說是房仲業者最艱困的一段時期。

所幸 2003 年 SARS 過後國內房市快速復甦，而且出現一個過去難得一見的大多頭格局，房屋交易量持續成長，各地房價更是大幅上漲，提供房仲業者一個前所未有的成長及擴張環境，於是各家房仲品牌都積極擴展店數及市占率，各業者開店家數都創下歷史新高紀錄，這時期可說是國內房仲市場的全盛時期，當然市場競爭也益趨白熱化。

➢ 這個階段房仲市場出現了幾個特殊的現象：

1. 不動產交易安全更加強化

隨著不動產經紀業管理條例的施行及相關保障不動產買賣雙方權益的制度益趨健全，各大房仲品牌也紛紛推出更多保障消費者權益的制度或措施，市場是呈現良性的循環。

2. 網路行銷及聯賣系統更受重視

　　隨著網路的普及化，大型房仲公司也都在自家企業網站上推陳出新，希望抓住此一趨勢潮流，配合最新的科技工具來服務年輕的購屋族群，同時也抓住更大的市場商機。除了個別業者之間的努力外，美國聯賣系統（MLS）的概念也逐漸在國內深化，像「家天下」網站、吉家網等都是這樣背景下的產物，只是聯賣系統在國內還存在著一些障礙，還有待公會及個別業者之間來解決。

3. 業者更積極往外拓展市場

　　2003 年後房市景氣大好，業者在站穩國內市場及房仲市場漸趨飽和的考量下，這時期有更多業者更積極的拓展中國大陸市場，但是中國市場畢竟太大，加上中國政府持續打房，台灣房仲業者在中國市場大多是苦撐待變，鮮少有賺大錢的機會。

　　2011 年台灣開始打房之後，一來是業者要拓展另一線生機，二來是因應國內資金往外跑的需求，有多家業者紛紛賣起國外的房地產，這是過去二三十年比較少

見的市場現象，包括日本、美國、英國、馬來西亞、東歐等地的房地產，海外房地產投資成了另一門顯學。

經過三十多年的發展與蛻變，台灣房仲業走過了沒有任何社會地位的「牽猴仔」階段，走過了漫無章法的草莽階段，現在已是來到全面法制化的時期，房仲的角色及社會地位也大大的提升，成為社會新鮮人就業的主要選項，目前甚至已有房仲業者已經躋身年營收上百億的大型企業，其規模已不輸一家大型電子業者，這樣的產業蛻變，或許也可以說是另一個台灣奇蹟！

近 30 年來房仲產業升級及服務升級比較表

	過去	現在
法制化	無法令規範（無法無天）	不動產經紀業管理條例、公平交易法
專業度	土法煉鋼、專業不足	證照考取、營業員測驗
資訊透明度	非常低	業界實價登錄前就公布成交資訊等
教育訓練	少	公司內部、公會及外部多元專業課程
收費機制	賺差價、收費混亂	不賺差價、收取固定服務費
消費者保障	低	履約保證、輻射海砂檢測、漏水保固等
交易安全	較不重視	銷售前先做產調、製作不動產說明書
配套服務	少	清潔、搬家、室內裝修及完整售後服務
回饋社會	少	捐血、淨灘、倡導騎單車節能減碳等
社會形象	很差	新鮮人就業主要選項、獲國家品質獎等之肯定

II 房仲業目前面臨的挑戰

　　儘管台灣房仲業已經進入全面法制化的時代，很多大型房仲業者也推出許多保障交易安全以及提升消費者滿意度的新制度與服務內涵，但是在實務面上現在國內房仲業還是普遍存在著以下的一些問題及挑戰。

一、從業人員素質高低良莠不齊

　　現行的房仲市場上，每一個服務據點都要有至少一位取得證照的經紀人才能開業，其他從業人員也須取得營業員的資格才能從事房仲業務，但每個房仲營業據點少者有五、六人成員，多者十幾人，但是只有一位取得經紀人證照的人員，其餘都以毫無門檻可言（只要上滿30小時課程）的營業人員名義從業，實際上對房仲人員專業度的提升還是有限，何況市場上還充斥著借牌開業的不正常現象呢！所以說現在房仲業還是存在著從業人員素質高低、良莠不齊的問題。

二、業務壓力大，人員流動率高

　　房仲業從佣收比例來看，似乎是個收入頗豐的行業，但它也跟其他行業的業務一樣，每個月都面臨著業績歸零、重新開始的現實業務壓力與挑戰，因此如果沒有過人的毅力與人格特質，很容易就被市場所淘汰，導致該行業的人員流動率一直都是居高不下。一般而言，房仲業的人員流動率大多在四十到五十％之間，等於錄取兩個人就有一個會陣亡，這對直營房仲業者是項很沉重的人事負擔，對加盟系統業者也造成管理上很大的困擾。

三、資訊不夠透明，不肖業者操弄的空間仍大

　　過去不動產資訊不對稱一直是房地產市場給人的不好感覺，居中仲介的房仲業者，因為比買賣雙方都可取得更多的資訊，所以就給了不肖業者居間操弄資訊的空間，現在有實價登錄及資訊揭露，情況還比較好一些。

　　實際上，民眾買屋賣屋的經驗都很少，業者若要以

其專業來從中作手腳也很容易。所以如何讓市場交易資訊更透明，減少業者操弄的空間，就是業者及政府主管機關要多努力的地方，除了要求業者自律外，未來政府在實價登錄及相關法令修法上，也應讓資訊更加透明的機制加進去，同時訂定相關罰責，以確保消費者的權益不會受到傷害。

四、業界競爭激烈，彼此間惡性破壞、搶委託現象頻仍

在市場業務成交戰的競爭之下，有房子賣才有服務費可賺的機會，因此誰能取得最多的賣方房屋委託，誰就是贏家。於是為了搶奪市場上有限的賣方資源，房仲業者之間彼此踩線、惡性破壞、搶委託的現象頻仍，有時甚至還使出更激烈的手段，報章媒體上都有報導，間接的破壞了業界整體的形象，當然這除了自律外，還須要各地方公會能夠發揮管理及仲裁的功能，不僅可消弭紛爭，也可提升該產業的整體形象。

五、收費不均的佣金結構
使買方權益總落在賣方之後

　　在國內房仲業受不動產經紀業管理條例相關法令之規範，有 6% 的收費上限，但長期以來基於市場習慣，房仲業的收費都是採賣方 4%、買方 1~2%的模式，在此收費結構下，由於要向賣方收取較高的仲介費用，仲介人員在面對買賣雙方時的服務強度與態度，可能是不自覺的就有向賣方傾斜的情形，買方權益在無形之中就落在賣方的後面。這樣的服務模式國內消費者的感受儘管還不是很強烈，但是若要早日建立一個公平、公正的交易環境，國內房仲業者還是要多學習歐美的房仲業者，引進買方經紀人制度，才能改變現在這種一面倒的服務模式。

六、本位主義作祟，全面聯賣仍然遙遙無期

　　聯賣系統（MLS）在成熟的房仲市場中是一個基本的產業服務模式，特別是在美國，購屋人不必辛苦的在各大小仲介公司之間遊走，去搜尋理想的房屋物件，只

要進入當地 MLS 系統，就能看遍所有的房屋物件，並從中搜尋出自己喜愛的物件。但這樣的購屋環境在國內仍處於實驗階段，市場上雖然已經形成三大聯賣系統，不過部分業者仍然不是全力支持聯賣，還是有個別業者有其各自不同的考量，不是站在購屋人的角度來考量，看來政府在這方面也只有更多的介入與指導，我國房屋全面聯賣的日子才會很快到來。

與二、三十年前比較，台灣房仲業近幾年來的發展確實是有很大的進步，房仲業的形象與專業度也都已有長足的提升，不過，在這些進步的當中，房仲業還是存在著一些可以改善的空間以及繼續進步的動力，這裡所提到的相關問題也許業者也都看到了，而正試圖改進當中；也有可能這些問題只是冰山的一角，須要政府單位與業者一起去設法改善，畢竟一個安全、合理的房地產交易環境，不只創造出一個政府、業者與消費者三贏的局面，也是我們大家都樂見的一個結果！

Ⅲ 房仲業未來發展大趨勢

　　雖然台灣房仲業發展已經三、四十年了，但是嚴格說來並不是一個非常成熟的產業，不論是在制度面、在法規面、在實務面等都還有很多改善進步的空間，未來市場會如何發展呢？當然業者及從業人員都會非常關心，根據先進國家房仲業的發展以及台灣本土的產業走勢來看，未來台灣房仲業應該會有以下六個面向的發展大趨勢，值得大家及早因應及關注。

一、房仲使用比率持續向上攀升

　　所謂房仲使用比率，是指民眾買賣透過房屋仲介業者的比例。隨著台灣都市化程度越來越高，家庭成員越來越少，買賣房屋的工作倚賴專業的房仲人員的情形，當然也會越來越普遍，因此民眾對於房仲的使用比率必然也是越來越高，這在歐美日等國都已經得到明顯的印證，美國房仲使用比率已經高達八成五左右，台灣在少

子化與小家庭化兩大社會力量的推動下，房仲使用比率未來只會更高不會更低。

從搣客時期到目前國內房仲業百家爭鳴的情形，台灣房仲使用比率從幾近於零，到現在很多人買賣房屋都會想到房仲業來看，這樣的發展速度算是很快的了，當然未來此現象還會持續下去。

這從近幾年來國內房仲家數不斷增加，就多少可以印證此一市場大趨勢，只可惜國內還沒有較可靠的房仲使用比率調查，根據市場人士以經驗值概估，目前國內房仲使用比率應該在六、七成之間，大都會地區之比例會更高，但在農業縣市或鄉下地方，該比例可能就低很多了！

二、經網路看屋及購屋比重越來越高

網路發展是全球性的潮流，台灣網路科技之發展也都跟在先進國家之後，年輕族群更是網路的高度使用者，近幾年來國內房仲業者或是非房仲業者也紛紛建置

不動產網路銷售的平台，幾年後等到現在的年輕族群成為購屋主要族群後，透過網路看屋或是網路購屋的情況應該會更加普遍，至於網路會不會取代實體通路的不動產經紀人，短時間還不是那麼容易，而且從美國自售網站的發展來看，不動產網站要完全取代實體通路，是有其實質的困難度，不過，若是實體與虛擬網路結合，其衝擊力道倒是不容小覷。

三、兩岸三地房屋物件流通自由化

在同文同種的背景之下，加上海峽兩岸關係不斷開展，陸客來台旅遊、自由行、ECFA、服貿協定等都是解開兩岸之間枷鎖的動作，兩岸交流一定會益趨頻繁，兩岸三地之間的「人流」一定更加密切，因此由「人流」衍生出來的房屋需求，也需要在法令上加以鬆綁，讓兩岸三地的房屋物件都可以自由的流通。

事實上，現在就有多家的房仲業者在對岸開拓市場，只要法令允許，透過其公司網路平台，就可以讓兩岸房地產的物件互相流通。只是在面對此一開放趨勢的

同時，國內業者是不是已經準備好，若政府也開放對岸房仲業來台開店，到時是走上街頭抗爭，還是事先強化在地主場優勢，勇敢面對挑戰，便是業者所需因應的。

四、聯賣制度更趨成熟、更加成型

礙於本位主義以及短視近利，國內不同品牌之間的聯賣系統（MLS）都還是流於形式，沒辦法站在買賣消費者的角度去思考聯賣系統的整體成效。只是聯賣在先進國家已是一項推行非常久的制度，而且也可創造多贏的局面，所以只要假以時日，業者更了解此一制度，消費者意識抬頭也順勢推一把，相信聯賣系統終會在台灣開花結果的。

五、交易資訊越來越透明化

2012 年 8 月我國不動產交易正式進入實價登錄的時代，這是不動產資訊透明化的重要里程碑，只是這樣的資訊透明化，離百分百完全資訊透明還有很長的路要走。在政府還未推動實價登錄之前，國內有幾家房仲業

者已經率先將成交行情公開，在市場上建立起誠信及公正的品牌形象，現在實價已經揭露，業者若能思考如何在資訊透明度上做得比政府還多，相信也更能趕上資訊透明化的時代趨勢，成為消費者更加信賴的品牌。

六、雙邊代理漸漸走向單邊代理

儘管長久以來台灣房仲經紀的生態都是雙邊代理，這是在買屋賣屋民眾還不是懂得自身權益情況下，業者還能夠含混過關，反觀在美國是不允許雙邊代理的，而且不動產經紀業管理條例第 24-2 條新增之條文，就是要慢慢導正到單邊代理的模式，這也許不會那麼容易，也不會那麼快，但只要聯賣系統益趨成熟，單邊代理就會成為常態，雙邊代理倒成為例外囉！

二

定調市場「買賣交易」之不動產經紀制度

I 房地產的交易制度與通路管理

買賣房地產為什麼一定要有法令遵循的規定？為什麼不能像一般商品市場可以自由交易處分？

一、房地產的產權制度管理起源

自古民間只要是房屋或土地的所有權可以私有，就會有房契或地契來做為財產權利證明的依據，或傳承、或交易。從古至今，民、官相互之間就有所謂的稅賦關

係，然後依這樣一層關係，人民負稅、官府保護人民財產，彼此各司其職的習慣，自然形成了一種互惠的社會生態，制度上便是一種國家形態，而課徵稅賦的重要依據之一，也是視人民所擁有的財產多寡，因此古時候地主擁有的財產莫過於土地，土地受官方保護，代表的就是國家行政權所及的範圍，土地的所有權歸屬？範圍多大？負擔多寡？……為求得一定的依據和契約公平性，因此也就必須要有法令登記的制度。

不管是東、西方的歷朝各代，對於土地的管理都有這樣的制度，台灣在早期明、清時代的開發，也有這樣的制度。

二、產權登記制度，實為稅賦之目的

財產登記制度，另一方面其實也是為了便於賦稅問題制定而生的一種規定。如果將各種稅制、稅目分類的話，所有的「稅」大致上可以做為兩種分類，一種為移轉性質的「交易稅」，另一種為持有性質的「財產稅」。

舉例我們在超商購買東西時，都會索取統一發票，這種一般買賣屬於交易行為，其中所含 5% 的營業稅，

便是屬於「交易稅」；汽、機車其實也算是一種財產，所以擁有汽、機車的民眾每年所要繳交牌照稅，就是屬於「財產稅」。

房地產在民法規定中，指的是「土地」及「建物」的組成，而土地以及建物在稅制的規範之中，因為土地法、土地稅法、平均地權條例、土地徵收條例、契稅條例之規定，又各有其特定的依據。

● 與房地產相關的主要稅賦區分

性質	稅目	課稅標的	課稅對象
持有稅 （財產稅）	房屋稅	建物	所有權人 （移轉年度各負擔持有的期間）
	地價稅	土地	
	*豪宅稅	建物	
移轉稅 （交易稅）	契稅	建物	買方
	土地增值稅	土地	賣方
	*房地合一稅	土地＋建物	

* 豪宅稅：房屋稅之稅率加成計算

* 房地合一稅：依房地產交易總價按稅率課徵

1、財產稅（持有稅）

房地產固然也是一種財產，因此課徵對象就是擁有房地產的人，不動產登記制度，也就是要區分確認持有財產的歸屬，以財產價值為課稅的基礎，針對房地產的所有人課徵「財產稅」，所以在一個課稅年度當中，若某甲的房子賣給了某乙，對於擁有該房屋所應負擔的「財產稅」，就要依甲、乙過戶移轉登記房屋所有權的時日，於當年度各負擔其持有房屋產權的期間日數，公平負擔各自應繳納之房屋稅。

2、交易稅（移轉稅）

而針對房地產交易移轉所要課徵的「交易稅」，其課稅的基礎為何？因土地和建物各有其價格與特性上的不同，像是房地產的「建物」會隨時間而有折舊的問題，沒有增值性；而房地產的「土地」不會因為時間的自然朽壞與人為的使用耗損而有折舊的問題，反而會因為社會整體環境的改良和進步，而有增值的效應。所以當房地產交易移轉時，土地增值以及房屋折舊後的現值，各應課徵的稅賦基準，便要將土地和建物分別計算，以區分價值成份的變動，所以必須先要有土地及建物的登記

制度標準化之後，才能有「稅基」定價的公平依據。

如果我們留意一下，土地謄本上登記有許多公告土地現值？當期申報地價？前次移轉現值或原規定地價？使用區分？地目？等則？……這些彷彿跟我們沒什麼關係，又不容易懂的數字和分類項目，其實便是用以核定稅賦如何課徵，決定稅基標準所要參考的記載要素。

三、房地產交易的通路管理制度

房地產有了登記的制度，得以確認產權的歸屬，而當產權有了異動移轉發生時，也要依照法令的規則來去辦理地政登記，就產權標的本身有著非常完整的規範管理制度。不過房地產產權發生異動，原因可能是透過市場的交易，也就是房地產的買賣行為，但是因為房地產市場的買賣，除了產權移轉的程序、稅賦的繳交之外，還有可能牽扯到資金交付以及銀行貸款的擔保事項，以及其他條件等等的安全與顧慮，往往交易的過程非常繁雜，於是為了保障消費者在進行房地產交易時，最好還是能夠經由合法的通路，以確保交易的安全。

而所謂合法的通路，就是由法律的源頭來制定，用

特許的證照方式，來限制從事房地產買賣交易的通路，讓所有消費者在進行房地產買賣時的行為交易，盡可能全都經由限定的通路裡面來進行，以便於管理業者與從業人員的服務，採取流程至源頭統一管理的方式，來保障房地產市場的交易安全。

這通路管理的法令制度，就是「不動產經紀業管理條例」，所規範的經紀業就是經營仲介或代銷業務之公司或商號；所規範的不動產也就是泛指的土地及房屋（包括成屋、預售屋）及其可移轉之權利。

● **不動產經紀業管理條例所規範之通路屬性區分**

經紀業	房屋標的屬性
代銷業	預售屋
仲介業	成屋

II 房仲業的委託買賣標的

　　房仲所從事的業務，既然是以委託買、賣房子，提供服務而賺取佣金為主要之營業目的，那麼只要是房地產，理所當然就是其仲介的標的。然而房地產市場所涵蓋的範圍實在太廣了，我們環顧周遭所看得到的一切地面和地面上的建築物，也就是土地和房屋，全都是屬於房地產的範疇，單以房屋來說好了，不僅我們自己住的住家是房屋，路上的麥當勞和巷口的 7-11 也是房屋；所有的辦公大樓、工廠、貨運倉庫也都是房屋；還有像Sogo、101、新光三越......等百貨公司也是房屋；大潤發、家樂福、愛買......等賣場也是房屋；就連世貿展覽館、美術館、機場也都是房屋......

一、房地產市場的商品來源

　　這些我們眼見所及的房屋和建築，不論用途、大小或型式......只要是有人想買、或者有人想賣，都可以成為

買賣仲介的商品標的；甚至連一般人所認知為代銷業銷售的預售屋，雖然眼睛還沒辦法看見的商品標的，房仲也是可以參一腳的。

仲介是為了成就商品的交易，而商品要有交易的行為必然是有人要買、有人要賣，自然促成的「市場」環境，仲介只不過是扮演其中促成商品交易的角色，既不是買方、也不是賣方，更不是市場交易商品標的之所有者。那麼同理，在「房地產市場」的交易環境之中，把房子拿出來賣的人才是真正的商品「供給者」，而買房子的人才是商品的「需求者」。

（一）房地產市場商品之「供給者」

就「市場」而言，買方為商品市場的需求者，賣方為商品市場的供給者。所謂的「供給者」不外乎就是商品的製造者或是持有人，而房地產市場商品的製造者以及持有人，也就是建商以及一般不動產的所有權人，建商建築房屋固然是提供房屋做為銷售目的，而擁有不動產的所有權人，若真的有售屋的意願，才是屬於有效房地產市場的供給者。

1‧建商

建設公司可稱之為房地產市場的「商品製造商」，專門負責生產，為了不斷能夠生產製造可供銷售的商品，因此也要進行不斷的開發。建設公司「開發」的目的，其實就是在找地蓋房子，找到了適合的土地，也許就自己買下來興建，或是與地主合建，或者是配合「都市更新計劃」提案，亦或是整合老舊社區合作改建，一直要有新的開發建案，生意才能不斷地做，而銷售的部分，就完全交給代銷公司來全權負責銷售。房地產市場的供給，因此也就不斷地產生。

2‧一般屋主

自己擁有房子自己住，沒有拿出來賣，與房地產市場的銷售流通無關，沒有售屋意願的屋主，非房地產之商品「供給者」，不能稱之為「賣方」，我們真正要討論的是真正有售屋意願，並且提供房屋於「房地產市場」之中銷售的所有權人，這一塊部分也就是屬於中古屋市場，大多數的供給量是流通於的房屋仲介的通路之中。

其實和買方一樣，一般屋主會擁有不動產，最初他們也是房地產市場之中的「買方」，到後來才由原本的需求者轉變成供給者，提供不動產委託仲介公司代為銷售，既然一般屋主皆是由買方變為賣方的角色，那麼我們最好能夠了解一下屋主欲出售房子的動機，屋主原先購買該不動產的原因是用來「自住」或是「投資」？

（二）影響房地產市場價格之「存貨」

然而在一般正常的商品市場之中，價格的高低，取決於供給和需求數量的關係，當供過於求，商品價跌；供不應求，則價漲。於是生產者在調控製造新增商品的數量時，也就會考量市場上存貨的多寡而決定增減。

1. **餘屋** - 房地產的市場存貨，還在建商手上的我們稱之為「餘屋」。

2. **空屋** - 已賣到消費者手中，登記於一般人名下的，才叫做「空屋」。

不論是「餘屋」或是「空屋」，只要是在房地產市場當中的「存貨」，都是等待出清的「商品」，為了銷售目的而存在的商品，就是可經由房仲人員代為銷售的不動產仲介標的。

二、房地產市場之商品型式：公寓、大樓、透天

在都會市區之中，房地產的建築型式，最普遍的若不是「公寓」就是「大樓」，當中也可能有一部分是「透天」的型式。

（一）**公寓**：一般是四至五層樓的建築物，沒有電梯、沒有管理的集合式住宅。公共設施的面積較少，按照產權實際使用的坪數空間會最大。通常不需要固定繳交管理費。土地所有權的持分：若為四層則佔占有 1/4 的權利面積；若為五層樓則佔 1/5，土地所有權的持分大。

（二）**大樓**：泛指建築層次樓高八層以上的建築物，有電梯設備，產權實際使用的面積，會因公設之比例，而相對於公寓型式的面積比例還小。多半需要固定繳交管理費，管理型態多樣，管理費的負擔按照不同的管理型態而有所不同。土地所有權持分因樓層戶數較多，相對於土地面積的所有權持分小。

（三）**透天厝**：多半皆擁有土地所有權「全部」之獨立產權，所有權土地範圍內之上的所有空間建築，不論幾層皆屬於同一戶，沒有公設問題，管理問題也全由自行負責。

（四）**其他**尚有如：華廈（六層或七層樓；以及有電梯的公寓，皆可稱為華廈）；別墅（有獨立空間庭院，獨棟、雙併或連棟透天型式的建築）；套房（小坪數沒有隔間的開放空間住宅，僅適合單身者居住）……

房地產商品主要建築型式的區分比較

	公寓	大樓	透天
公設比	低	高	無
土地持分	大	小	全部
管理品質	較差	較優	自行負責
住戶成員	單純	複雜	獨立
更新難易	較容易	困難	容易(個人決定)

三、用途區分：住宅、店舖、辦公室、工業住宅

房地產商品不單單只有一種為了提供居住使用目的而存在的「住宅」唯一型式而已，其實房地產本身可以具有非常多樣式的使用目的，依照房地產商品使用目的之用途區分，大致可分為住宅、店面、辦公室、商場、工廠、工業住宅、倉庫、農舍……等等。

➤ 以下將幾種主要用途之標的簡單說明：

（一）**住宅**：最普遍正常使用的房地產商品標的，數量最多，建築型式也最多元，於銀行融資成數的認定上，因為屬於純粹「消費性」的目的，貸款期間較長，也較為長期穩定，因此融資的成數可以取得較高的標準。

（二）**店舖**：指的通常都是一樓的商店，為提供消費及服務直接用途之房地產標的，數量稀少，價格因具有「商業性」的經營與收益價值，其價值也較一般住宅為高，因本身具有營業效益，銀行融資擔保的成數較一般住宅略低一些。

（三）**辦公室**：亦屬於商業用途之房地產標的，不限位

於一樓，主要功能可提供商業登記，成立公司行號及做為營業登記使用，商業性的用途於銀行貸款的融資成數，則與店舖相同。

（四）工業住宅：位於土地登記使用分區為「工業區」的住宅，原本是為了做為工廠員工「宿舍」之名義所興建，但實際上卻做為住宅使用之需求，變更為住家的建築隔間設計。掛上了「工業」這兩個字，它的使用成本即與一般真正的住宅有所不同，其房屋稅、水電費……就無法適用一般的「住宅」用途，房貸融資的成數也會較低。

III 房仲經營模式之變革 與彼此之較勁

　　想要開一家房屋仲介公司，或許很多人直接的就想說開一家店不就是了，在當下的房仲市場中也許是這樣，但如果往回推二、三十年，房仲業者是沒有人採店面式經營的，更沒有現在三步一家、五步一店的熱絡景象，到底過去的房仲業是怎樣的經營模式呢？其間又經過了怎樣的演變呢？

　　隨著時代的演變，過去二、三十年來國內房仲業的經營模式已經出現了幾個階段的轉變，從樓面式到店面式，從單店到連鎖，從單一品牌到多品牌。

一、樓面式經營

　　這是國內房仲業有組織化後最早的經營模式，以勵行建設、巨東建設等為代表。它不像現在房仲大多出現在一樓的店面，反而是隱身在大樓當中，消費者平常是找不到這類公司的，當時政府並不允許房屋介紹買賣為

業者設立，所以這類公司當時都是以建設公司、實業公司、廣告公司等名義設立，他們多數是採取人海戰術，以大量的業務人員主動出擊開發房屋物件與銷售房屋物件，因此在業務人員的分工上，也明顯區隔為開發人員及銷售人員，開發人員不負責銷售，銷售人員不管開發，明顯的有單邊代理的概念，與目前房仲人員普遍雙邊代理是不一樣的。

　　樓面式經營房仲因是採取人海戰術，所以在業務人員的學歷及素質上並不太要求，因此也衍生出類似計程車業靠行之租桌面（table 店）的特殊現象，由於人員素質良莠不齊，交易糾紛頻傳，加上當時產業規範都還未建立，所以早期樓面式經營讓民眾對房仲留下一個非常負面的形象，當然也為下一階段店面式經營開啟一個重新出發的機會。

　　由於早期的負面形象，加上無法跟民眾有直接接觸的通路，所以隨著店面式經營店頭大量崛起，早期樓面式經營房仲紛紛轉型或是歇業，近幾年隨著房市景氣大多頭，市場又出現一些樓面式房仲新面孔，其中有些是

商仲業者、資產管理公司、海外不動產仲介業者等，也有些是店頭業者，但是屬大店經營業者，採取店頭跟樓面混合經營的模式，少數大店經營業者甚至也採取早期 table 店的方式經營，好像業者之經營模式又有走回頭路的趨勢，只是現在房仲業早已進入法制化時代，從業人員不像過去有太多操弄的空間。

二、店面式經營

店面式經營主要是要建立通路及品牌形象，以取得消費者的信賴，隨著消費者意識抬頭，店面式房仲逐步的就取代樓面式房仲業者，成為市場的主流，店面式經營又可分為單店式、店面直營式、店面加盟式及店面直營與加盟混合式。

（一）　單店式

根據統計，全台灣房屋仲介家數約近 6,000 家，其中屬於中大型連鎖業者約占六成，單店單獨經營者約占四成，大約也有 2,000 多家店，其家數及所占比重都不可小覷，只是單店式經營就猶如一盤散沙，無法發揮整

合後的戰鬥力，因此近幾年來在大型連鎖業者的擠壓下，單店式房仲有向加盟連鎖業者靠攏的情形，未來房仲經營會出現大者更大、小者難生存的景況。

（二） 店面直營式

店面直營經營模式的先驅者是太平洋房屋，後來的中信房屋、力霸房屋（東森）、信義房屋、永慶房屋、北區房屋等都是走直營系統，直營體系一度是市場的主流，但後來太平洋房屋開放加盟、中信房屋與力霸房屋又陸續全面改為加盟系統，後起品牌也都以加盟為主，使得店面直營系統一下子變成房仲市場中的少數民族。經營直營系統的相關成本比較高，受景氣的衝擊也最大，但是當景氣大好時，直營系統卻是賺最多的。

（三） 店面加盟式

最早引進店面加盟系統的是住商不動產，後來中信、力霸轉加盟，永慶房屋也成立加盟體系，全球最大房仲加盟品牌 21 世紀不動產也進入台灣，使得國內房仲市場店面加盟競爭態勢大幅升高。加盟系統實際上每

一家店都是獨立自主經營，所以以獨自承擔店頭經營的風險，加盟總部雖然不用承擔龐大的人事及店租成本，但是如何打出品牌知名度，並獲得店東的信賴與支持，對每個加盟總部也都是很大的挑戰。

（四）　店面直營與加盟混合式

這種店面直營與加盟混合經營模式主要是有兩種考量，其一當然是想要大小通吃的意思，但是如果遊戲規則沒訂好，可能會落得大小都吃不到的局面，所以直營與加盟混合式要能同時成長，前提一定要明顯區隔商圈，直營與加盟開店商圈井水不犯河水，才能避免自己人打自己人的情境。

直營與加盟混合式經營的第二個考量是棄車保帥，原本經營直營體系走不下去，但又不願全面放棄，於是開放加盟以期保住神主品牌，因此就出現混合的經營模式，但是一旦上述商圈的問題沒切割清楚，直營打加盟、加盟打直營的尷尬情境恐怕還是無法避免，這種情境這種模式要永續經營實為不易！

房仲直營系統與加盟系統優劣勢比較

經營型態	直營	加盟
優勢	1.人才全由公司培訓，企業理念較一致 2.中央集權政策容易貫徹到各分店 3.人員素質較高、形象較一致 4.具經濟規模後，利於和廠商議價 5.分店之間較易溝通，物件流通較為確實 6. database 較完整，可進行 data mining	1.各店獨立經營，總部承擔風險較低 2.加盟店東均獨立經營，運作較具彈性 3.人事固定成本較低，店東獲利性較高 4.較易落實商圈經營 5.人員平均年齡高、抗壓性高、人脈廣 6.展店速度較快
劣勢	1.後勤作業系統長、回應時間長 2.人事等固定成本高，經營風險很高 3.業務人員獎金較低，員工易於流失 4.顧客期待之服務標準較高 5.展店速度易受人才養成不及所影響	1.人員素質良莠不齊 2.人員招募、培訓較為不易 3.個別加盟店可運用資源較少 4.總部對加盟店控制力不高，管理不易 5.彼此間物件流通率較低

資料來源：天時地利不動產顧問公司

三、多品牌經營

　　這是近幾年隨房市景氣大好才出現的經營模式，基本上是多品牌加盟方式經營。樓面轉店面是一種通路經營的變革，多品牌經營則是品牌經營的變革，這牽涉到母品牌公司的競爭力及子品牌公司之品牌經營力與市場區隔力。母品牌的競爭力除了資金挹注能力之外，還有店面經營的專業 know-how。母品牌公司的資金是燒旺第二品牌或是第三品牌的材火，如果材火不旺或是持續力不夠，可能養不大子公司，還有可能拖垮母公司。

　　至於經營的 know-how，母公司願意傾囊相授嗎？傳授太多，會不會養虎為患，造就另一競爭者。亦或是只取（權利金及月費）不給，最終都會讓加盟主看破手腳，如何拿捏，都在在考驗多品牌經營者。

　　此外，如何塑造子品牌公司之品牌力及市場區隔力，也是第二或第三品牌能否存活的關鍵因素。近幾年房市景氣佳，第二、第三品牌之多品牌經營情形看來都還不錯，只是一旦景氣反轉走下坡，恐怕才是市場考驗的開始。

　　看來房仲業的經營模式隨時代的演變而有不同，沒有哪種經營模式可以永遠不變的，也沒有誰敢說哪種經營模式是最佳經營模式，唯有審時度勢、掌握市場訊息及消費者喜好，才能成為市場大贏家！

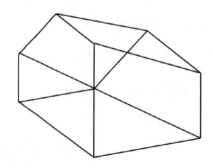

三

房仲業的服務
與業務經營模式

I 房仲業的產業特性

　　跟其他服務業或製造業比較，明顯的可以看出，房仲業在很多面向上跟別的產業有些不一樣的地方，這也就是房仲業本身產業的特性。

一、商品及服務標準化程度低

　　很多人可能都會直接的認為房仲業者的產品是房屋、土地等等不動產，從廣義來講當然也不為過，但嚴

格來說房仲業者的產品是「服務」,「服務」這樣商品要
如何將它標準化、規格化,確實是有其困難度,不像汽
車產業、電子產業等都有統一的規格及標準規範,所以
房仲業者在這個面向上就面對很大的考驗,如何將服務
標準化、制度化,又將這些落實灌輸到從業人員上,便
成為房仲業者成功與否的關鍵。就廣義的產品來說,不
動產本身就充滿異質性,這也在在考驗從業人員能否精
準掌握這些產品,能否成為市場專家的重要考驗。

二、商品(不動產)流動性低

　　以不動產產品來看,不論是在市場的流通性,或是
本身產品的下濾性都是比其他產品來得低、來得困難,
以同樣是國人主要投資商品的股票來做比較,只要不是
全面跌停或漲停,一支股票很容易就可以在公開市場中
賣掉,但是一間房子從委託到賣掉,正常景氣之下平均
也要兩個月左右,若是不景氣之時,拖個半年、一年也
是屢見不鮮。

　　再從下濾性的角度來看,不動產雖然具有上一手轉

下一手的下濾特性，但這下濾的時間可能是十年甚至是二十年，而且上一手的房地產若是屋齡很老很老，則要進行下濾的難度就非常非常的高了，這些也都是考驗房仲從業人員的產業特性之一。

三、消費者購買次數少且不易掌握

根據非正式的統計，一個人一輩子大概買賣房子的次數是一到兩次，不像我們買早餐、買衣服、買手機等的經驗那麼多，所以不論買賣雙方都會比購買其他日用品更加小心，但另一方面因為購買經驗少，所以消費者也常常會道聽塗說，讓一些不正確的觀念誤導，造成交易時的困擾。

四、業者投資於經營形象及品牌較其他行業高

不動產的消費者除購買次數少之外，他們消費的意向也是很難把握，所以如何經營品牌形象、創造知名度、廣建通路，便成為房仲業者能否在如此特殊環境中勝出的關鍵，所以各家業者在這方面所投入的資源也相對比

較高。

五、專業程度高，屬信賴產業

在日本稱房仲業為信賴產業，因為一個人要買賣個上百萬上千萬的房子，如果沒有相當的信賴程度，怎敢將大把的資金、怎敢將房產權狀交給個陌生人呢！所以業者除了經營品牌形象、創造知名度、廣建通路之外，更必須有一定的專業度，才能取得消費者的信賴，所以從事房仲業並不是想像中的那麼容易。

六、屬於人的產業–人力密集

很多產業都需要大量的人力，但房仲業並不是有人就可以從事仲介工作，還必須要花很長的時間做教育訓練，可是這些訓練過的人員，在面對業務競爭及長時間工作之辛苦，陣亡率是非常高的，有時候招募進來二十個人，不到幾個月可能就剩下十個人，所以常常會看到房仲店頭老是在徵人，就是這個緣故。

七、進出障礙很低

　　房仲產業雖然已經法制化，每個營業據點都必須要有一位通過國家考試及格的不動產經紀人，跟過去比較起來，進入門檻似乎變高了，但是在實務上只要資金準備夠、店面找好，要開一家房仲店頭是很容易的。當然景氣好的時候，新房仲店頭要存活下來很容易，只是一旦面臨房市不景氣，房仲業者關店的速度也是很快的，也就是說要退出這個市場是沒有太大難度的。

II 房屋仲介業到底在做些什麼工作？

　　雖然很多人都跟房屋仲介業者接觸過，委託他們賣房子，或是請他們幫忙找房子、買房子，但對於房屋仲介業的真正工作內容卻是一知半解。對於想從事這項工作的社會新鮮人，自己都沒買過房子，更沒賣過房子，當然對這個行業就更加陌生了，到底房屋仲介業都在做些什麼事呢？

　　其實啊！很多道理說破了，就不值一文錢，對於房屋仲介業務也是一樣，房仲業務說穿了就只有兩大項工作，也就是「買賣」（銷售）及「租賃」兩大項業務，只是這兩大項業務又可往下展開其他多項子業務，讓我們以其個別業務流程來加以說明。

一、房屋仲介買賣（銷售）業務流程

　　根據國內房仲業者的作業習慣，一般不動產之買賣流程可分為開發、銷售、簽約、用印、完稅及交屋六大步驟，不過，這是從仲介業者的角度來看不動產銷售流

程，站在賣房子屋主之角度來看，這個不動產銷售流程應該調整為：委託、產權調查、銷售（廣告行銷、帶看、議價）、簽約、用印、完稅及交屋，從上述這幾個步驟，可以更深入的來了解房仲業的工作內容。

1. **委託**：是不動產賣方（屋主）表示出售不動產意願之行為，實務上，他可以有傳統方式的自售動作，不委託給房仲業者；也可以委託房仲，不管是獨家委託或多家委託；當然在現在網路發達的時代，屋主也可以有 PO 上不動產網站（電子商務網站）去銷售等等選擇。

2. **產權調查**：為了確保不動產產權清楚，房屋仲介業者會提供一份不動產重要事項說明書，也就是所謂的「不動產說明書」[1]，以房屋交易為例，該不動產說明書之內容包括房屋謄本、地價證明、屋況確認等，以利買方掌握完整房屋之現況，避免買屋權益受損，或是衍生其他交易糾紛。

3. **銷售**：是房屋仲介業者服務不動產賣方（屋主）最

---

[1] 不動產經紀業管理條例第二十三條規定：經紀人員在執行業務過程中，應以不動產說明書向與委託人交易之相對人解說。前項說明書於提供解說前，應經委託人簽章。

核心的工作，這部份之工作包括廣告行銷、現場帶看及議價（價格協商）等動作，不論是廣告、帶看或是議價，都可說是不動產仲介業者的核心工作，尤其是業者幫賣方找到合意的買方，並談定一個滿意之銷售價格，應是賣方心甘情願付仲介佣金之主要關鍵。

（a） 廣告行銷：仲介業者透過報紙分類稿、直效信函（DM）、派報、店面櫥窗與公司自家網站（website）等將委託之不動產物件銷售訊息傳播出去。

（b） 現場帶看：潛在買方如果對特定不動產物件有興趣，則可約房屋仲介經紀人到不動產現場實地做介紹與勘察，以了解實際屋況與居住環境。

（c） 議價（價格協商）：一筆不動產是否能成交，關鍵因素在於買賣雙方對於這一筆不動產價格之認知，如何讓買賣雙方價格之認知趨於一致，就要看房屋仲介業者價格協商功力之高低了。實務上，當買方對特定不動產表達購買意願，但價格低於賣方期望賣價時，可

以付「斡旋金」[2]或是簽立「要約書」的方式，委託不動產經紀人代為議價，經一番折衝後，若雙方都同意某一價位，就可進入正式簽約的步驟。

4. **簽約**：不動產買賣雙方針對不動產買賣價款達成協議，對於買賣流程，價款給付方式，買賣條件以文字方式詳載於合約書上，並且雙方親自簽名蓋章，經代書[3]見證簽約之程序。

5. **用印**：買賣雙方將報稅、過戶所需證明文件交付代書，代書並於增值稅申報書、契稅申報書、所有權移轉契約書（公契）、登記申請書上蓋好雙方印鑑章的手續，稱之為用印。

6. **完稅**：當稅單（增值稅及契稅）核發後，代書通知

---

[2] 斡旋金，斡旋金常見於中古屋之交易過程中，當買方出價與賣方售屋價格有所差距時，仲介業者乃向買方收取一定金額之斡旋金（或稱協調金），以向賣方表達買方購屋之誠意，藉以代買方向賣方協商價格及其他條件。如果賣方承諾了承買條件並簽收時，斡旋金即轉成為定金，成為買賣價金的一部份；否則斡旋金必須無息全額退還。要約書，乃買方表達購屋意願之書面文件，用以替代斡旋金之議價方式。

[3] 代書是國內沿襲多年之名稱，在 2001 年 10 月通過地政士法後雖已正式正名為地政士，但市場仍習慣以代書稱之。

買賣雙方出面繳稅，買方並於同時支付完稅款項，此稱為完稅。

7. **交屋**：買方支付尾款，賣方將不動產騰空移交給買方使用，並到不動產現場點交方式為之。

　　事實上，簽約、用印、完稅及交屋在不動產仲介業實務上及觀念上都是屬於俗稱之代書流程，不動產經紀人最多都只是扮演陪同的角色，經紀人真的不出現在這些流程裡，不動產銷售流程還是可以順利進行下去的。在國內不動產仲介市場，除少數直營系統有自己的代書來辦理這四個流程外，大多數都是委外給代書事務所來代辦相關不動產過戶事宜，而且代書流程全都是要另外計費的。

房屋（仲介）銷售流程圖

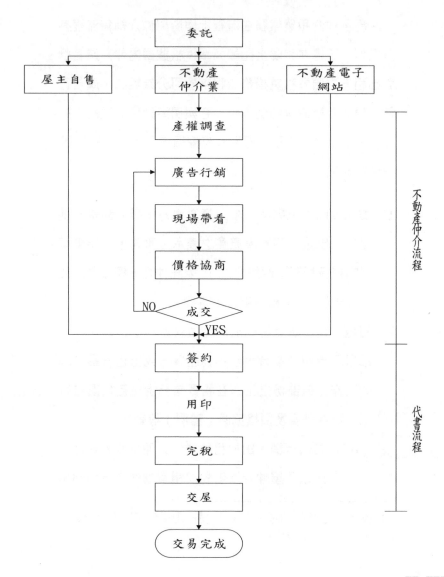

二、房屋仲介租賃業務流程

　　房屋仲介租賃業務在流程上與房屋仲介銷售流程有些類似，不過在步驟上比較簡單，根據國內仲介業者針對出租方之房屋租賃業務流程來看可分為委託、廣告行銷、帶看及議價等四個步驟，它與房屋銷售流程最大的差異，在於租賃業務流程沒有產權調查及代書流程[4]，進一步說明如下：

1. **委託**：此一步驟與房屋銷售之賣方一樣，都是一種出售（出租）不動產意願之表示，實務上，房東可以有自行招租（傳統方式）、委託仲介（獨家委託或多家委託）、上租屋網站等選擇。

2. **招租**：這步驟就等同於房屋買賣業務之銷售流程，都是房屋仲介業者服務不動產賣方或出租方最核心的工作，這部份之工作在租賃業務上也包括廣告行銷、現場帶看及價格協商（議價）等動作。

　　（a）　廣告行銷：由於租賃業務之佣金收入較低，所以房屋仲介業者對於租賃物件之行銷都是

　　租賃業務之簽約一般不必用到代書，由房東與房客自行簽約及決定是否上法院公證。

以比較低成本之方式來做，很少會像買賣物件一樣打報紙分類稿、直效信函（DM）、派報或是上店面櫥窗，最普遍的也只是上到仲介公司自家網站，因此其效果跟租屋網站比較，差異不大。

（b） 現場帶看：潛在承租方如果對特定房屋物件有興趣，則可約房屋仲介經紀人員到房屋現場實地查勘，以了解實際之屋況與居住環境，這與房屋銷售是一樣的，都是仲介人員較不容易被取代之功能。

（c） 議價（價格協商）：雖然出租方與承租方對單一房屋物件在租金之高低也難免會有歧見，但需要仲介人員介入協商的空間及必要性，與協商買賣行為中之價格協商是有很大差異的，後者因為買賣雙方常常對於價格之認知差異很大，而且在程序上比較複雜，所以還有要約書或斡旋金之機制來協助議價。租賃業務就單純多，也不需要斡旋金或要約書之機制來協助，加上租金之絕對值只有幾千元

到幾萬元之譜，房東與房客對租金高低之認知差異也較小，所以對價格是較容易取得共識的，在這部份不動產仲介人員所扮演的角色也比其在買賣業務上輕很多。

在租屋實務上，不動產經紀人對房屋出租方最大之幫助主要是在帶看，在議價上較無著力處，所以不動產仲介業在租賃業務上所面臨租屋網站之「去仲介化」壓力，顯然要高過不動產自售網站對不動產仲介產生之壓力。

房屋仲介租賃業務流程圖

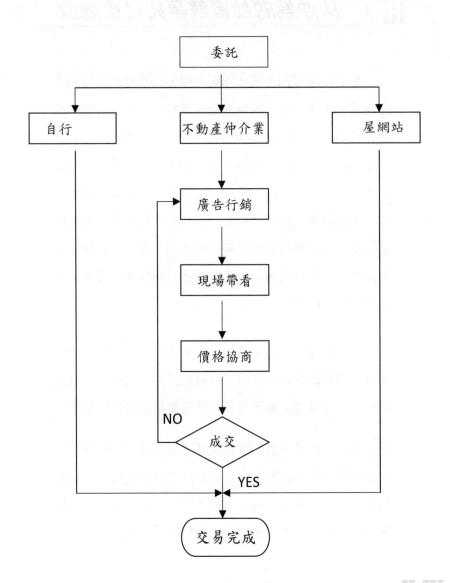

III 房仲業的社會競爭與社會地位

景氣是現實的！三十年前大學生最熱門的選擇科系是國貿系和會計系，因為台灣經濟貿易起飛，最缺乏的就是貿易人才，反映到現代台灣中堅的中產階級，大多都是學商、做會計，有商業背景的人最多；二十年前經濟開始進入成熟階段，銀行的金飯碗成了新鮮人搶進高薪、高年終獎金的熱門行業；十年前的科技產業開始興盛，電子科技新貴又成了追逐的焦點。沒想到近幾年，房屋仲介公司竟也悄悄地晉升到社會新鮮人選擇進入的熱門行業排行榜之中了！

從房地產的通路市場來看，傳統以往皆是由土地代書做為買賣的媒介，資訊以及範圍有限，現在已經演變成仲介公司林立，資訊充斥以及範圍擴增的普遍現象。

想要找房子，真的還是得要透過房仲公司的通路，才能夠得到最多的資訊，任何曾經有過售屋經驗的人都可以知道，只要是一有房子貼上了紅紙條，不用等到隔天，你一定會接到十幾通房仲人員打來的電話，要求給

予委託代售 (即使註明 "自售免掮" 也一樣)，因為市場上的通路競爭，房仲為了能夠取得銷售上的參賽權，所以大多數的銷售物件，不論是屋主自售或是房仲委託代售的房子，相同的標的同時可能都有好幾家的房仲公司可以為您帶看服務，就看你喜歡那一間房子，就看客戶覺得和那一位房仲的銷售人員對味，就和誰談價。

　　房屋仲介公司的品牌眾多，坦白說開設一家房屋仲介的門檻條件不高，有很多的房仲公司都只是兩三個在房仲工作中賺到了錢，憑著工作經驗就合夥開一家店自己當起老闆了，因此要開一家房屋仲介並不是件難事，越來越多的房仲公司開立，形成了這個行業對於「用人競爭」的生態，搶人的結果，不論是直營業者或是加盟體系，都產生一定的人力缺口，為了填補人力缺口，進用人員的素質便成了一大問題，人員素質的問題來自於流動性高以及個人社會能力。

一、流動性高的原因

　　源自於房屋仲介本身工作特性的關係。因為上班時間長、又沒有週休二日，一般上班族正常上班的時間，

他們要上班，當人家下了班或假日有空的時候，也才有機會開發拜訪或者銷售帶看，他們更要上班。開發案件時，要面對不斷被拒絕的挫折；銷售案件時，在不能預知結果的情形下一樣也要不斷地帶看，即使重複落空也還是要不斷地跑，不論天候狀況都要承受各種風吹、日曬、雨淋，談不上工作品質，更談不上休閒，這樣的辛苦代價的支付，最後的結果當然是：賺到錢的會走（自己開店當老闆）；賺不到錢的也會走（自然淘汰轉業）！

二、個人社會能力有限

大多數的房仲人員多半是初入社會之新鮮人，社會新鮮人是可以訓練服務的態度，可是要論社會能力，有哪一個社會新鮮人未入行自己就有買賣過房子的經驗？賣房子的屋主畢竟是已經擁有了房子（買過房子）；想買房子的人如果沒有一定金錢的實力也不會來看房子，所以初入房仲行業的社會新鮮人，自己沒買過房子卻又在賣房子？要和買、賣雙方不論社會經驗和財富實力都比自己還高出甚多的業主或客戶周旋？您想想看......

如果對於房地產的相關法令知識了解得不夠充分，

若沒有靠足夠的時間觀摩累積相當的經驗，再加上服務的熱情和動力去補足差異，您願意放心把買賣房子的事情完全交給這樣的 "初級生" 來處理嗎？

　　就由以上兩點來看，一家「員工平均年資」不到兩年的房仲公司，如何能夠傳承所謂的「專業」？任職半年以上的員工就算「資深」了，培養員工專業不易，因此就只能提出代書以及銀行履約保證、輻射屋或海砂屋檢測......等其他專業配合事項，朝向「制度專業」以及「分工專業」來訴求，但是這些制度與分工的業務，都不是房仲第一線人員所要專注的事項，回過頭來看，顧客端所接觸到的永遠可能是「新人」，如何能感受到「專業」？新人無法提供顧客所需的專業，於是就只能靠著勤跑、勤跑、再勤跑......以服務的精神來求表現，然後再來塑造形象。因此房屋仲介的這一個行業，要想標榜「專業」困難，標榜「服務」才是真的！

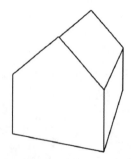

四

媒體廣告
與人才通路之競爭

廣告行銷搶鋒頭
─品牌房仲大打知名度宣傳戰

　　近幾年來，國內房仲業者的競爭幾乎已經到達「上窮碧落下黃泉」的地步，只要是可以突顯自家競爭優勢，可以壓低競爭對手的地方，業者絕對不會放棄，也絕不會手軟，特別是在廣告宣傳上面，彼此之間也是打得不可開交，但是打廣告的成本非常的高，而且如果廣告打得不夠密集，效果又無法顯現，等於拿錢丟水裡。

於是房仲業者早已發展出一套非常「經濟實惠」的方法，來宣傳自身的專業形象，又可達到「打免費廣告」的目的，這就是媒體經營及新聞稿的攻勢，甚至在品牌房仲公司內部都還訂出媒體露出的「業績目標」，這個只見創意及新聞敏感度、不見子彈與流血的戰爭，每天都在新聞版面上進行著，這在國內各行各業中也算是一個非常少見的特殊市場現象！

一、文宣總部 - 不動產企研室或是不動產研究中心

國內房仲業者最早經營媒體公關這塊領域的，當然要屬住商不動產企劃研究室，住商不動產企劃研究室從最早期李志忠帶領的獨立研究團隊，到後來變身轉型為住商不動產加盟總部的一個部門，都一直給人高專業度及資料豐富的印象，因此成為媒體挖新聞資料的寶山，順勢的它也扮演起主動提供新聞稿及相關不動產資訊給媒體的角色，成為國內其他仲介業者群起仿效的對象。

後來信義房屋也成立了「信義不動產企劃研究室」，其他品牌房仲業也紛紛成立不動產企研室或是不動產研

究中心，雖然都是名為不動產企劃或研究，實則以文宣為主，以媒體公關為主，當然要「搞好」跟媒體的關係，除了定期不定期的新聞稿供應之外，主要品牌房仲也會定期跟媒體朋友餐敘、聯誼。

此外，也有房仲公司仿效公家機關成立記者室，讓媒體朋友在跑新聞的行程當中，有一個寫稿、發稿的處所以及落腳、歇息的地方。房仲界最早設立記者室的是太平洋房屋，早期媒體記者剛跑房地產線一定得先到太平洋房屋拜碼頭，其記者室更是線上記者最喜歡待的地方，後來永慶、信義等也都設立記者室，明顯的也看出業者之間在這些小細節上面的競爭，。

二、房仲業報紙【媒體曝光率】排行榜

到底業者們如此用心經營媒體這一塊的成績如何呢？據了解，房仲業者私底下都會統計每個月在媒體上的曝光量，主要媒體統計當然還是報紙的露出數量，但因是個別公司內部的統計資料，恐怕不夠客觀，因此在這裡特別引用第三公正單位**潤利艾克曼公司**所做的『**房**

仲業<品牌新聞>報紙【媒體曝光率】排行榜』，來看看
房仲業者在文宣上、在媒體經營上所做的努力及成果。

三、房仲業媒體露出競業指數排行榜

　　此外，潤利艾克曼公司也調查研究國內品牌房仲在
報紙及網路上的曝光率，並據以製作每個月、每個季度
的**房仲業媒體露出競業指數排行榜**。

II 從實體店面到虛擬通路的戰爭

網路上什麼都賣，什麼都不奇怪，當然高單價、高總價的房子也早就被拿到網路上來賣，在網路無遠弗屆的特性之下，在網路替代馬路的趨勢之下，房仲業者當然也不會放過這個最便捷、最廣泛的行銷通路，除了品牌房仲紛紛建置本身官方網站之外，也合縱連橫設立統合型的聯賣網站，甚至是搶最多流量的入口網站，無疑是希望在實體店面通路之外，也能在虛擬的網路通路上搶得先機、搶得商機，看來近年來房仲業者的競爭已到達什麼都爭，什麼都不奇怪的境地，業者之間的廝殺，已然從實體通路戰到虛擬通路了。

一、房仲業在網路及資訊科技之運用

房仲業是屬於傳統產業，又是屬於以人為主的產業，基本上，如果跟科技產業比較起來，也算是科技的邊緣產業，儘管如此，國內房仲業對於科技如網路或是

資訊科技的接受度與運用度都是非常高的，而且近幾年來品牌房仲之間也頻頻以這些先進的運用技術來強化本身的競爭力，同時弱化對手的產業地位。

　　整體來說台灣網路科技（IT）產業的發展還落後歐美等先進國家，相關服務業引進電子商務（EC）的經營模式也都比歐美國家慢，但是隨著電腦自有率的大幅提升以及網路普及率的提高，近幾年來國內 IT 產業的發展也有一日千里之勢，各式以線上（online）交易為經營模式的電子商務網站更是如雨後春筍般的在網路上出現。

　　目前傳統的商業模式幾乎都可以在網路上找到互相競爭的電子商務網站，包括書店（電子書店）、銀行（電子銀行）、證券（網路下單）、機票（網路訂票）等，當然在不動產仲介領域也出現許多種不動產商務網站，包括強調「捐免」的自售網站也逐步崛起，在網路無遠弗屆的威力之下，傳統房仲的優勢會不會勢微，實體房仲經紀人會不會被虛擬的網路給取代呢？這應該是很多從業人員都非常關心的議題。

二、國內不動產網站之發展

目前國內不動產商務網站明顯可概分為四大類：

（一）第一類是不動產仲介業者自行架設之公司網站，是一種封閉型的網站，如信義房屋、永慶房屋、東森房屋等，其中大多都屬大型房仲連鎖業者，這類網站是以服務房仲業者本身為主，是實體通路及不動產經紀人的輔助工具，也就是所謂的企業對消費者（B2C）的網站。

（二）第二類是網路及軟體提供業者，以提供網路通路讓單店或小型不動產仲介連鎖業者展示他們的房屋物件，收取網路虛擬的「上架費」（有的是免費），是另一類 B2C 的電子商務模式，如好房網、家天下網站、樂屋網等。

（三）第三類是租屋網站，提供網路通路讓一般消費者展示他們的待租房屋物件，如崔媽媽租屋網、台灣租屋網、591 租屋網、鯨魚租屋網等，這類就是消費者對消費者（C2C）網站，這類租屋網站明顯已取代傳統仲介人員在租屋行為當中的中

介角色，因為越來越多的消費者是靠著這類租屋網站，而不是靠實體通路的不動產經紀人，順利的將房屋出租出去或是租到滿意的房子，目前傳統不動產仲介業雖然也提供租屋服務，但除非是商用不動產，如辦公室、店面產品，或是較高總價之住宅，否則該項業務在不動產仲介業者而言只是聊備一格而已。

(四) 第四類是屋主自售網站，也是一種 C2C 網站，網站經營的型態正是在美國已經存在多年的 FSBO（for-sale-by-owner）屋主自售網站，該類網站主要是要拋開不動產仲介業者之中介角色，並且省下可觀之仲介佣金，如 591 網站、0800 屋主自售網、奇集集買屋租屋情報網、168 房屋租售銀行、自售網 zishou.com（自售達康）、金窩網等，甚至屬官方的高雄地政處「高雄房地產億年旺網站」，都提供「屋主自售」的欄目，服務這類不願接受房仲服務的買賣屋消費者，讓屋主及購屋者有一個直接交易的互動平台，是屬於 C2C 的電子商務模式。

國內不動產網站與電子商務網站分類

國內不動產網站	一	**仲介公司網站** 信義、永慶、太平洋	**B2C** (Business to Consumer)	一	電子商務EC網站	
	二	**資訊服務網站** 家天下、好房網、樂屋網	**C2B** (Consumer to Business)	二		
	三	**租屋網站** 崔媽媽、台灣租屋網	**C2C** (Consumer to Consumer)	三		
	四	**自售網站** （ForSaleByOwner） 591、0800、自售網	**B2B** (Business to Business)	四		

資料來源：天時地利不動產顧問公司

　　在上述四類不動產網站中，第一類、第二類 B2C 網站，主控者都是傳統實體通路之不動產業者，本質上都是站在不動產仲介業者及其從業人員的角度，在網路規劃上及內容呈現上都刻意的避免角色被取代，例如：在網頁上「沒有完整之房屋物件地址、沒有屋主之聯絡資料」，也就是說，他們希望藉由網路之普及性與方便性，來鞏固業者及不動產經紀人長期以來之中間角色，在進一步拓展市場的同時，也避免掉被不動產自售網站「取代」的命運。

另一方面，第三類與第四類 C2C 網站，卻也想藉由網際網路平台，來取代掉仲介業者，其中一般住宅租賃業務，因效益與買賣屋相比差距非常大，仲介業者已在有意無意之間被相關租屋網站「取代」。至於不動產自售網站則是在網頁上挑明了「仲介免」，直接挑戰不動產仲介業者之市場地位，因為這類網站具有省下仲介服務費之實質誘因，對傳統房仲業之威脅也就不容忽視！

三、房屋自售網站產生「取代效應」還不大

根據研究顯示，目前國內房屋自售網站對於實體房仲業者的威脅並不大，自售網站產生「取代效應」之衝擊還不大的原因，主要因素有：自售網站網頁對房屋物件展示之功能不佳；自售網站之知名度普遍不高，消費者知之甚少；自售網站還無法克服屋主的時間成本問題，網路使用者與買賣屋族群之重疊性還有很大落差。

（一）自售網站網頁對房屋物件展示之功能不佳

觀察國內外不動產網站可以發現，一個不動產網站

要能達到完整傳遞一個房屋物件訊息之功能要具備三部份：美觀之房屋內外觀影像、精細正確之平面格局圖以及詳盡之物件基本資料描述。

第一個部份，國內外很多仲介業者之網站都已可提供精美之房屋內外觀照片，甚至是 360 度虛擬實境（virtual reality）之網路看屋服務。反觀國內之自售網站之房屋物件呈現內容，最好的也只是呈現幾張自拍、專業度不高之房屋內觀或外部環境照片，很多連照片都付諸闕如。

第二部份是平面格局圖，在日本有很多仲介公司網站上之房屋平面格局圖都有詳盡之尺寸標示，在國內也有些仲介網站上有展示房屋格局圖，只是都無尺寸標示、圖之準確度也還有待商榷，但在自售網站上幾乎都沒有平面格局圖。

第三部份是房屋物件基本條件描述，如面積、樓高、房間數、衛浴間數、座向、有無車位等，這些在自售網站上每個房屋物件網頁都有，只是其中項目及詳細度仍然比仲介網站遜色很多。在這三項必備工具都不如房屋

仲介業者的情況下，不動產自售網站想要挑戰房屋仲介業的地位，恐怕還有很長一段路要走。

（二）自售網站之知名度不高，消費者知之者甚少

或許是受限於自售網站本身資金都較為有限，報章雜誌電視媒體上很少看到這類網站之廣告（591 是唯一例外），因此一般消費者知道這類網站的人還是不多，相對於國內幾家大型仲介連鎖品牌頻頻在各大媒體上打廣告，大打實體及虛擬（公司網站）之知名度，2005 年起，這些大型仲介業者更與 Yahoo、聯合新聞網或是中時新聞網等瀏覽人數龐大之入口網站合作，希望將這類入口網站之網路使用者也導入到自家之公司網站來。明顯的，不動產仲介業者不僅消極的在做避免「被取代」之努力，也更積極的希望藉著公司網站功能之強化達到鞏固實體優勢的目的，不動產仲介業者與自售網站兩方之拉鋸，目前還是房屋仲介業者稍占上風！

（三）自售網站還無法克服屋主的時間成本問題

房屋自售網站只能被動的提供房屋物件之訊息，排

除委託仲介業者之代理成本，不過像「帶看」這類耗時費事之工作，目前還是無法被網路所取代，賣方在這方面所產生之時間成本問題，還是得屋主自行想辦法解決。

（四）網路使用者與買賣屋族群之重疊性還有很大落差

網路科技產業還是個很年輕的產業，即使它的普及率很快，但在消費市場上仍然出現很明顯的世代年齡上之落差，特別是對於不動產這類高總價之產品，更是需要到達一定年齡以後才有足夠購買之能力，這也正是為何網路上賣得好之商品與容易被「取代」之產業（產品）都具有高度品牌認同度產品、數位商品、低廉的商品、時常購買之商品（日用品）、標準化規格化之商品等特性。也就是說目前國內網路使用主要族群之年齡層與房屋市場上買賣屋之年齡層還存在一定之落差，所以據此推測，等到目前大多數年輕之網路使用族群都「老到」有足夠能力買賣房子，到時候房屋自售網站產生「取代效應」之衝擊一定比現在還來得大！

四、傳統實體房仲業者仍應自強

　　房屋自售網站雖然夾著網路科技之優勢，強力挑戰傳統仲介業者，儘管市場上有越來越多的自售網站出現，各地方也都有希望透過該類網站省下仲介佣金之消費者，但實務上其促成交易之成效還是很低，目前該類網站對大型不動產仲介業者的威脅還不大，但是傳統仲介業者若要能保住它在不動產交易當中其該有的地位，還是得朝下列三個方向努力：

（一） 強化不動產經紀人之服務品質與專業度

　　自售網站之消費者主要都是想要省下仲介佣金，而不是要省下仲介經紀人之服務，所以在不降低佣金的前提下，業者卻可藉強化不動產經紀人之服務品質以及專業度，來改變要省佣金消費者之想法，讓消費者獲得滿意及專業之服務，達到「物超所值」的地步，消費者還是願意花錢找仲介業者服務的，就不用擔心被「取代」的問題。

（二） 繼續加強網站上之服務功能

目前大型仲介業者之公司網站內容及房屋物件之呈現還是略勝一籌，不過與國外美日之仲介網站比較，還是有很大改善之空間，不管是房屋內外觀之影像、平面格局圖或是基本房屋與周邊環境之描述，都還有再加強的空間，讓網路看屋可達到事先篩選、免除無謂看屋之省時省事之目的，消費者就不會流失到不動產自售網站上。

（三） 跨足 C2C 之不動產網路，正面迎戰自售網站

不管實體仲介市場怎樣發展，業者之服務水平多高，在目前之仲介服務佣金結構下，還是會有一些人想省下這一筆不小之交易成本，與其讓這些客源流到其他不動產自售網站，不動產仲介業者不妨直接跨足到這塊 C2C 之不動產網路領域，另行設立這類 C2C 網站，同時配合已有之實體通路資源，如美國之自售網站收取較小額之部份服務費，或許也可創造出另一類不動產商務網站經營模式。

　　從美國不動產自售網站之發展來看，不動產自售網站確實是對不動產仲介業者產生「取代」效應，但同時也證明前者無法完全取代實體通路之功能，所以近年來它們發展出虛擬通路與實體通路配合之服務模式，應該也值得國內有心發展不動產自售網站者參考。

　　當然未來網路世界的發展還是不容小覷，對於不動產仲介實體通路之衝擊會有多大也還在未定之天，只是隨著網路使用族群全面進入買賣屋的消費年齡層，一股想藉由網路買賣屋的需求也將與日俱增，這些需求究竟在傳統仲介通路或是自售網站尋求滿足？也有待雙方各自在上述幾個面向上努力。

Ⅲ 房仲搶人大作戰

近年來房地產市場景氣的熱度一直持續不減，房仲業者開店有如雨後春筍般，但是又如同前一章節所提搶開店的競爭必要條件，有店就必須要有人，因此各大房仲公司如何在人力市場上搶奪優秀又有能力的人力資源，便成為各公司最重要的年度課題囉。

要在職場上搶奪優秀人才，當然就要誘之以利，誘之以利的最具體方法就是薪獎跟福利囉，就薪獎制度來看，經過三十多年來的發展，國內房仲已經明顯形成兩種薪獎制度，也就是所謂的普專制及高專制。

一、房仲薪獎制度分為普專制及高專制

走在台北的街頭，若稍微仔細看一下房仲店頭掛出來的布招，大概可看出兩類招募人員的廣告，一類是「誠徵普專經紀人，保障底薪 3×,000」，另一類是「誠徵高專經紀人，挑戰年薪千萬」。

（一）　普專制---「高薪低獎制」

前者就是普專制薪獎，也就是市場通稱的「高薪低獎制」，「高薪」是指它保障一定水準的底薪，大致上都會比目前職場上 22K 的薪資水準高一些，而且有些大型房仲業者還提供給新人至少前六個月每月 5 萬元的保障底薪，當然為了搶奪人才，已經有業者提高到前九個月保障底薪 5 萬元，業者彼此之間較勁的意味非常濃。

至於「低獎」，是指普專制度之下業務人員的獎金百分比是比較低的，大致上是維持在 8~12% 之間，假設房仲業務某甲成交一戶 1,000 萬的房子，買賣方都是同一位經紀業務人員，而且收了 5% 的房仲服務費（佣金）50 萬，則某甲可分得獎金 4~6 萬，若加上每個月的固定底薪，當月至少就有 6 萬多元薪資進帳。當然如果買賣方是不同的經紀業務人員，則是由兩個經紀業務人員平分此獎金。如此看來，在普專制度之下業務人員一個月的收入好像還不錯，但若跟高專制比較起來，那就遜色許多了！

目前普專制在國內大多為直營體系所採用，而且為

了塑造公司特有的企業文化，幾乎都只晉用無房仲經驗的社會新鮮人，不過現在也有些加盟店頭，若是屬大店經營者，對於無經驗的新人也會以普專制來加以訓練培養，只是這在管理上會比較困難，在人事及訓練成本上也比較高。

（二）　高專制---「零薪高獎制」

以前的高專制跟普專制就像是對照組，普專制是「高薪低獎制」，所以過去高專制是「低薪高獎制」，但現在幾乎沒有「低薪高獎制」的高專制了，大部分是「零薪高獎制」，「零薪」也就是說每個月沒有固定薪，每個月要有收入，就完全要靠自己打拼，有成交才有獎金，有獎金這個月才有收入。

高專制的特色就是「高獎」，其獎金百分比非常高，高專制一般獎金在 50~70％ 之間，在政府還沒實施奢侈稅之前，有些投資客的房仲店頭甚至還祭出 80~90% 的超高額獎金，基本上都比普專制高出許多，最主要是希望以高獎金吸引有能力有經驗者來加入。

假設房仲業務某甲成交一戶 1,000 萬的房子，買賣方都是同一位經紀業務人員，而且收了 5% 的房仲服務費（佣金）50 萬，在高專制度下，某甲當月沒有固定薪水收入，不過以 50~70% 獎金計算，某甲當月可分得成交獎金 25~35 萬，月收入高出普專制很多很多。也因為高專制有高獎金之誘因及條件，所以如果是個人能力超強的房仲業務人員，每年要挑戰年收入上千萬的可能性相對比較高，目前國內房仲加盟體系或是樓面式經營大多採取高專制。

高專制與普專制從數字上來比較，有人直接會認為高專獎金高，月收入一定比普專高，但事實並不見得是這樣，因為高專要成交才有收入，沒有成交月收入等於零，孰優孰劣，各有其薪獎設計上的考量，要驟然下個論斷並不是那麼容易。

房仲高專制與普專制比較

	高專制	普專制
特色	零薪高獎	高薪低獎
主要採行業者	加盟體系或是樓面式	直營體系
團隊合作	低	高
物件流通	低	高
人事成本	低	較高
教育訓練成本	低	較高
人員素質	參差不齊	較為齊一
人員流動率	較低	較高

　　當然相較於高專制的高獎金，也有人認為普專制之公司賺太大，但是普專公司有它高成本負擔的一面，也有很高的經營風險，而且一旦業務人員訓練成熟，他也會去比較，如果外面的房仲世界獎金百分比真的較吸引人，他就會考慮離開，所以近幾年來普專公司除了基本的「高薪低獎」標準外，對於 TOP 業務人員也都有一套額外的留人獎金制度，這也是房仲公司彼此之間搶人大作戰的一環。

所以在國內房仲市場有人提出以下的公式，來衡量到底房仲人員拿到的獎金是否合理，這應該也是個不錯的自我評量公式喔！

合理獎金％比例＝100％－品牌力％－店頭商品資源％－經紀人員實力落差

二、房仲業的福利

　　國內房仲公司除了在薪獎制度上展開搶人大作戰之外，員工福利的好壞也是留得住人才與否的關鍵之一，但其重要性明顯不及薪獎之高低，各房仲公司之員工福利大致上有下列諸項：

（一）　**安全保障**：除勞健保之外，還有團體保險，定期或是不定期之健康檢查。

（二）　**員工宿舍或是購屋優惠**：有些房仲公司會提供外縣市員工宿舍，若是透過自家公司買房子，還可獲得對折或全免服務費的優惠。

（三）　**年節獎金及尾牙**：在公司有賺錢的前提下，房仲公司為感謝同仁一年來的辛勞，每年年底都會依個人貢獻度及年資發放年終獎金及年終績效獎金，端午或中秋，有些公司也會發放禮金或禮品，回饋給同仁。近幾年來因為市場大好，大型房仲公司的尾牙也辦得有聲有色，一點都不亞於科技大廠的尾牙。

（四）　**國內外旅遊獎勵：**同樣是拜大環境持續走多頭之賜，只要年度業績達到一定標準，不論是大型房仲甚至是中小型房仲，也都會以國內外旅遊來犒賞辛苦幫公司打拼的員工，當然是以國外旅遊的獎勵作用最大。

Ⅳ 房仲服務之報酬與待遇

在台灣，房仲業者在服務費計收標準上一直都是按照主管政府機關之規定，但外界對該行業服務費收費上限 6% 之標準還是有諸多誤解，或以偏蓋全，認為收費標準太高、不合理，而思研議做全面性的調整或調降。到底現行國內房仲業服務費是不是太高？有沒有必要加以調整，恐怕不是你我說了算，而是要從幾個不同面向深入探討，或許才能夠得到一個較為明確的答案。

一、房仲業並不是有服務就收取服務費

房仲業的服務費計收標準雖以成交價金之一定比率收取報酬，但是這是係依『服務報償原則』訂定，也就是說有成交才收費，有可能一個屋主委託賣了半年都賣不掉，儘管花費了相關銷售成本，但是一毛錢服務費都收不到；另根據房仲業者內部統計，平均成交房產 1 戶，要帶看 30~45 組買方，一般人都沒看到這塊為數龐大

的沉默成本。這是房仲業者與其他服務業最不同的地方，一般服務業之報酬是依據『利益報償原則』，每次服務都收取報酬，譬如去理頭髮，每次都要收費，兩個原則之間差異很大，不可混為一談！

二、服務費 6% 是上限，實務上收到 0.1~6% 都有

雖然內政部根據不動產經紀業管理條例研議出房仲業上限 6% 的報酬計收標準，但是實務上實際收取服務費均於成交時確定個案收費，且收費不一。像個別業者間就有不同的服務費計收標準，大型加盟連鎖房仲向買賣方計收 6%（賣 4%、買 2%），直營品牌房仲業者向買賣方計收 5% 之服務費（賣 4%、買 1%），單獨品牌房仲業者則規定銷售一定總價以上的房屋，向買賣方計收 3~4% 之服務費，業者彼此之間不僅沒有「共同決定價格」的聯合行為，更沒有一定要收足多少 % 的說法。

而且業者間高低不一的服務費計收標準也只是「牌價」的概念，實務上都會因房產個別產品條件、地段好壞、總價高低、服務滿意度、品牌效應及客戶個別談判

能力等因素而有不同。

　　國內房仲市場已是一個高度競爭的自由市場，政府即使訂了一個 6% 的服務費收費上限，面對同業競爭，不同房仲業者內部還是有高低不同的收費標準，更重要的是在公司內部收費標準下，個別房產物件還是有不同的服務費收取標準，特別是高總價的商辦或豪宅，有時候連 1% 都還收不到呢，千分之二或千分之五等偏低收費標準也所在都有。

三、經營成本高、經營風險大

　　房仲業者店頭營業一定會有管銷費用(水電、租金、人事成本等)，還須耗費鉅資投入品牌行銷、系統建置、教育訓練、服務加值等，對於屋主委託房屋物件之銷售，還需刊登報紙廣告、網路曝光、物件流通等支出，經紀人員平常的電話與交通都是成本，而且房屋物件若沒成交，業者一毛錢都拿不到。

　　在房地產市場景氣好的時候，房仲業者只要經營得當，似乎都還蠻賺錢的，但是一旦景氣走下坡，業者關

店的速度也是很驚人的，顯示該行業的經營風險也是很大的。

四、限縮服務費比率，恐扼殺南部業者生機

台灣房價呈北高南低，以台北市核心市區為高頂點，向外、向南遞減。台北市的豪宅固然有高達每坪 100~200 萬，引為民怨之首，一般住宅均價每坪 50~60 萬，彷彿高不可攀，但是出了大台北地區以外，從桃園以南，實際並無高房價之情形，每坪單價多在 10 幾萬上下，總價每戶 3、5 百萬，比比皆是。

此外，南北的房價雖有落差，服務報酬卻沒有高低，因此 6% 服務費上限是兼顧南北房價差異與服務成本差距所制訂的合理彈性收費標準。目前以 6% 為上限，已使中南部業者生機困頓，若限縮服務報酬率，將形同扼殺中南部房仲業生機。

很多中南部、東部的房仲業者就指出，在現行 6% 上限的收費機制之下，若以低總價 100 萬以下的物件來

說，就算收足服務費 6 萬（6%），對業者而言都還不敷成本，未來一旦服務費上限往下壓縮，業者服務低總價客戶的意願必然更加降低，擁有低總價的相對弱勢消費者，將來有可能找不到房仲業者幫他們賣屋！

五、房仲業不屬高薪行業

根據台灣不動產交易中心的調查統計，以大家都認為高房價的台北市為例，加盟房仲體系每人每月平均人效是 10 萬元，平均成交戶數為 0.2 戶，平均佣收 3.1%；直營房仲體系每人每月平均人效是 20 萬元，平均月成交戶數為 0.4 戶，佣金收入平均約 3.8%，以台北市全年平均房價計算，若平均佣收為 3.4%，等於房仲成交每戶平均佣收約 45 萬（若總價因市場因素下跌平均佣收將會更低）。

從以上的數據顯示，可推算台北市房仲經紀人的每月平均收入在 5~6 萬之間，直營體系計算公式是（20萬人效 * 9%獎金 ＋ 4 萬薪資 ＝ 5.8 萬），加盟體系計算公式是（10 萬 * 55%獎金 ＋ 0 無給職 ＝ 5.5 萬），以

上的數據分析還不包括經紀人自己平常自掏腰包所花費的行銷廣告成本，加盟店經紀人實際的平均收入可能更低，這樣數據分析，其實就很清楚的算出房仲業經紀人是否屬高薪行業一族了。

而中南部的房屋總價更低，房仲業者比起北部收入更有天壤之別，以台中、高雄地區的房屋均價計算，就算業者收足 6% 服務費，最多大約也是 20~30 萬之間，以上述公式計算，在中南部從事房仲服務的經紀人平均月收入很難超過 4 萬元，這與主計處的行業調查結果差距不大。

六、購屋消費糾紛高，房仲業者「懷璧其罪」

外界常引用商品消費爭議當中，購屋類常居前三名而指責房仲業者，認為業者沒有做好房屋買賣的服務工作，但實際上這乃「懷璧其罪」，原因有三。

其一、購屋消費糾紛有可能是建築商、代銷等服務人員所造成，例如施工瑕疵、建材設備不符、交屋遲延、

坪數不足、廣告不實等，但在統計數據上卻常常都將之歸於房仲業者。

其二、房屋總價高，消費者購買次數少，所以若有疑似權益受到損害，一定會大力爭取，不若一般消費品，很多消費者若有覺得不妥或權益受損，大多趨向於不計較，這類低單價商品隱藏性的抱怨，其實比高單價商品還多，購屋糾紛多是「懷璧之罪」，更何況很多購屋糾紛是買方本身反悔不買所引起的，但是低單價商品若反悔不要，有時像一件衣服，消費者可能將之冰在衣櫃裡就算了。

其三、購屋糾紛中有不少是屬於物的瑕疵所引發，物的瑕疵原本是屋主該承擔的責任，但很多購屋人因找不到屋主，所以歸咎於房仲業者。現在很多房仲品牌都還衍生服務去分擔屋主物的瑕疵擔保這一塊，例如漏水保固等，顯示這些業者已經承擔比法令要求還高的行業責任。

從以上諸多面向的探討，可以得到一個結論，那就是房仲業顯然並不是個暴利的行業，業者的收費機制也

都依照政府主管機關之指導，依法收費，並沒有不合理的情形，雖然市場中偶有少數害群之馬，但也不可以就此抹殺全體合法經營業者之努力及貢獻。

根據內政部地政司當初研議收費上限 6%，是基於導正賺差價之市場交易行為，並提供市場公平競爭的原則，同時也考量城鄉差距之後，所訂出的上限標準。個別業者雖也要約定固定的收費比率，但實務上都需於成交時，議定（確定）給付之服務報酬，實際上服務費佣收比從 0.1% 到 6% 都有，況且房仲業之服務費收取係以『服務報償原則』，非一般服務業之『利益報償原則』，也就是說有服務並不一定就有報酬，以成交之案例算個別業者或個別案子之成本，都會失之於偏頗。

● REC

貳 – 業務實戰篇

五

認識產權與專業名詞術語

　　假使決定踏進房仲這個行業，當你正式穿上制服，成為一名房仲業務人員之後，你所要面對的任務就是要與客戶面對面的交鋒，同時也要和跟你一樣穿著制服的同事、同業......許許多多的人相互競爭。原本所受三十小時的證照基礎課程，或者公司所給予三天、五天的短期業務訓練，真正可以幫助到你有能力去簽到房屋銷售委託、真正能讓客戶願意請你幫忙決定買賣屋，可以幫助你實質上能達成業績的東西是什麼？

　　房仲入門基礎的訓練，各公司品牌也都各有一套，遊戲規則與制度上的規定都是死的，你吃哪一行飯、在哪一家公司底下，你就得要照著規矩來，該做些什麼，也都跟你說清楚、講明白了，但是要生存，就得要靠自己的真本事了。否則同樣的環境、同樣的條件，其他人有什麼地方會跟你不同？有人可以年薪百萬，有人三個月不到就陣亡了？

　　當你已上完所有新人訓練的課程，那麼最好再一次試問一下自己：「我真的了解房仲這門行業了嗎？」房仲這口飯，並不是只要乖乖地幹，你就可以安安穩穩地活下去的，公司訓練的只是基本功，學會只是讓你能夠 " 呼吸 " 而已，要想吃飽，你該準備、該擁有的東西還不只是這些！你還必須要具備擁有這個行業實戰成交的智慧能力才行。

I 對於商品標的必備的專業知識

我們時常聽到一句話是：「老王賣瓜，自賣自誇！」這諺語簡單聽來就可以想像出是一種商品銷售的情境畫面。能夠自誇自己賣的瓜，老王總不會自己完全都不懂瓜吧！

房仲這個職業，賣的商品當然就是房地產，不管是公寓、大樓、店面、辦公室......你總不可能連自己要賣的商品，自己都不懂，就要跟別人介紹吧！房地產既然是房仲這行飯的主要商品，那麼對於商品的認識，不是只有看它的外貌環境，或是內在格局、屋況等等的條件而已，房地產的「產權」，其實才是所有商品標的銷售環節之中，最為重要的一個項目，每一個商品個案的銷售標的都有不同的優劣、好壞，也有不同的售價和屋主不同的接受底價，銷售房地產並不是單純看房子和物件銷售資料表上的說明資訊就ＯＫ的！

如果真的是買賣房屋，因為房產的交易還必須遵照法令規範的登記程序，因此購屋的消費者所買的不動產

商品,除了是不動產本身這個「實品」之外,買的還是這個不動產的「產權」,相對於售屋者,也是必須要交付「產權」,而不只是房屋鑰匙而已。那麼做為一個房屋買賣中介角色的房仲人員,要賺取客人的服務費,你一定要比客戶還要懂,這才叫做專業。

一、不動產於法令上的身分證明 - 所有權狀

賣房子、找案件,基本當然要先看銷售個案之「物件資料表」的內容,才會大概知道銷售個案的售價、地點、坪數、屋齡......的相關資訊,不過內容資訊從何而來,不是隨便高興亂寫的,資訊內容的根據、來源,你都要能回答客戶不懂的地方以及其他任何疑惑,因此客戶對於一個房仲人員的專業能力如何評價,關鍵就在於你對於「產權」資訊的認知,如何展現在與客戶解說的內容深度上。

首先,房地產產權的證明文件就是「所有權狀」,房仲公司的每一個銷售物件資料表中,也一定會有附上房屋所有權人的權狀影印本。現代對於房地產方面的習慣普遍通識,「不動產」即為房地產於法令上的正式統稱。

不管是民法、土地法之法令規定,「不動產」就是指土地及其地上物(地上物即是指建築物,或稱房屋),所以一般完整的所有權狀,一併會有「土地所有權狀」和「建物所有權狀」(以前俗稱叫做地契和房契)。

什麼是不動產的所有權狀?若跟客戶來解說,你可以拿「人」來做比喻,就可以非常輕鬆地讓人聽懂。簡單說它其實就像是「人」的身分證一樣,身分證除了姓名、證號之外,它的記載內容基本上會有個人的性別、年齡、出生年月日、出生地……等等,所有權狀就像是土地或房屋的身分證明文件,除了土地的地段、地號或房屋的建號之外,分別也會記載土地之大小、地目(表示土地使用之用途)、使用分區(土地使用限制)……以及房屋的建築完成日(屋齡)、樓層、建材構造……等等的基本資料。

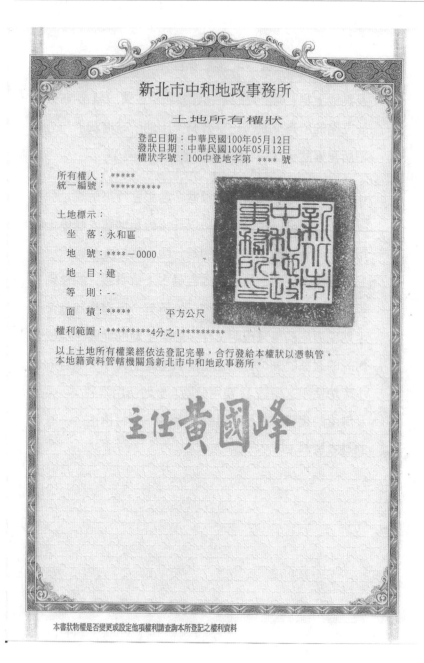

新北市中和地政事務所

土地所有權狀

登記日期：中華民國100年05月12日
發狀日期：中華民國100年05月12日
權狀字號：100中登地字第 ＊＊＊＊ 號

所有權人：＊＊＊＊＊
統一編號：＊＊＊＊＊＊＊＊＊＊

土地標示：

坐　落：永和區

地　號：＊＊＊＊－0000

地　目：建

等　則：－－

面　積：＊＊＊＊＊　　平方公尺

權利範圍：＊＊＊＊＊＊＊＊＊4分之1＊＊＊＊＊＊＊＊＊

以上土地所有權業經依法登記完畢，合行發給本權狀以憑執管。
本地籍資料管轄機關為新北市中和地政事務所。

主任黃國峰

本書狀物權是否變更或設定他項權利請查詢本所登記之權利資料

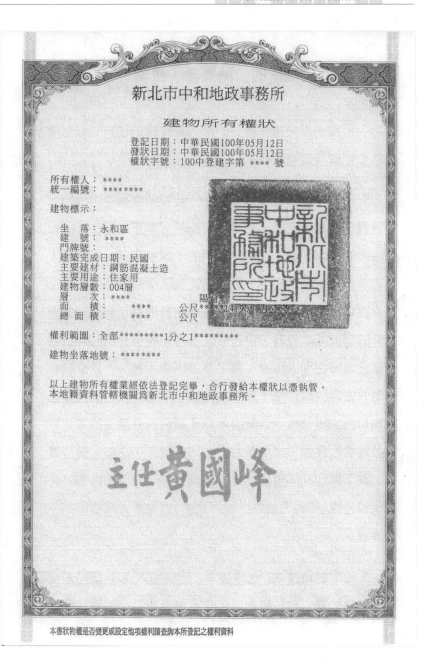

新北市中和地政事務所

建物所有權狀

登記日期：中華民國100年05月12日
發狀日期：中華民國100年05月12日
權狀字號：100中登建字第 **** 號

所有權人：****
統一編號：********

建物標示：

坐　落：永和區
建　號：****
門牌號：
建築完成日期：民國
主要建材：鋼筋混凝土造
主要用途：住家用
建物層數：004層
層　次：****
面　積：　　　**** 公尺 ****14.90平方公尺
總　面　積：　　　**** 公尺

權利範圍：全部*********1分之1*********

建物坐落地號：********

以上建物所有權業經依法登記完畢，合行發給本權狀以憑執管。
本地籍資料管轄機關為新北市中和地政事務所。

主任 黃國峰

二、不動產產權的公開資訊 – 謄本

再進一步如果你要更明瞭不動產標的現況，你就要看土地以及建物的謄本。

所謂謄本，就是把登記於行政管理機構之中的原始資料，複寫或複印出來，一份所謂 "與正本相符" 的參考證明資料。謄本是幹什麼用的？舉個例子，就像是人有身分證、戶口名簿一樣，有時為了申辦護照、簽證、求職……什麼的，政府機關或民間機構為了要清楚知道你的個人基本資料，但是你又不可能將身分證和戶口名簿正本留在別人那裡，為了要證明個人身分，於是就必須先去戶政事務所申請戶籍謄本，用來替代您的身分證和戶口名簿一樣，戶籍謄本除了記載身分證上基本資料的姓名、性別、出生年月日、出生地……之外，更詳實記載了與您共同生活的其他成員身分，可以知道你的父母親是誰、你的兄弟姊妹排行順序、何時遷入或遷出……等等。

所以地籍謄本（土地謄本；建物謄本），就是將登記於地政機關（地政事務所）之不動產資訊，其詳實記載

的登記事項調閱複寫出來，除了記載土地或建物所有權狀上的座落、面積、所有權人……之外，也詳細記錄了該不動產的取得日期、公告地價、設定權利（如：抵押借款）……完整的產權資訊。

就像是不動產的戶口名簿一樣，將不動產所登記更詳實的記載呈現出來，從【標示部】可以了解不動產取得的原因、時間、當時的規定地價和現有的公告地價(課稅價值)；【所有權部】可以知道所有權人是誰，以及其他有無限制登記的特別事項；【他項權利部】可以知道該不動產有無債權關係、抵押權人是誰、設定金額多少……

「謄本」代表房地產登記的法律依據，法律是保護懂法律的人，在房地產的領域當中，法律也讓懂法律的人賺錢！謄本之中列示了許多相關民法、土地法、土地稅法、平均地權條例、土地徵收條例……等等法令依據的內容資訊，所謂的「書中自有黃金屋」，會看的人，可以從謄本之中看出有哪些不動產是具有隱含在法律所保護之「不可抗力」下的既有利益。就拿遺產稅及贈與稅來說，不動產的課稅基準，法定的價格與市價是有落差

的，土地是以「公告地價」、建物是以「房屋現值」為遺贈稅的稅基，這也是會計師、代書或相關專業人士，普遍上最常拿來做為節稅之用的方法途徑。

而房仲的工作職務就是在為客戶媒合房屋買賣的交易，於房地產成交過戶時，賣方須繳交的土地增值稅，也是由謄本上的「公告地價」與「前次移轉現值」的標準來計算的。

土地登記第二類謄本（部分）

新店區順安段 0036-0000 地號

列印時間：民國 102 年 10 月 04 日 12 時 52 分　　　　　　　　　　　頁次：1

大安地政事務所　主　任　　ＸＸＸ　　　　　　　本案係依照分層負責規定授權承辦人員核發
新地電謄字第 xxxxxx 號　　　　　　　　　　　　　　　　　　　　列印人員：ＸＸＸ
資料管轄機關：新北市新店地政事務所　　　　　　謄本核發機關：臺北市大安地政事務所

＊＊＊＊＊＊＊＊＊＊＊＊＊　土地標示部　＊＊＊＊＊＊＊＊＊＊＊＊＊＊＊

登記日期：民國 088 年 02 月 02 日　　　　　　　　　　　登記原因：地籍圖重測
地目：建　　　　　　　　　　　　等則：--　　　　　　面　積：＊＊＊＊＊＊122.61 平方公尺
使用分區：（空白）　　　　　　　　　　　　　　　　使用地類別：（空白）
民國 102 年 01 月　　公告土地現值：＊＊＊95,000 元／平方公尺
地上建物登記：共 16 棟
其他登記事項：重測前：大坪林段寶斗厝小段０２０１－０００２地號

本謄本未申請列印地上建物建號，詳細地上建物建號以登記機關登記為主

＊＊＊＊＊＊＊＊＊＊＊＊＊　土地所有權部　＊＊＊＊＊＊＊＊＊＊＊＊＊＊＊

（0001）登記次序：0824
登記日期：民國 94 年 06 月 12 日　　　　　　　　　　　登記原因：買賣
原因發生日期：民國 94 年 05 月 09 日
　所有權人：ＸＸＸ
　住　　址：台北市文山區ＸＸ里ＸＸＸＸＸＸＸＸＸＸＸ
權利範圍：＊＊＊＊10000 分之 335＊＊＊＊＊＊＊＊
權狀字號：094 新資土字第 XXXXX 號
當期申報地價：102 年 01 月＊＊＊16,560 元／平方公尺
前次移轉現值或原規定地價：
094 年 5 月　　　＊＊＊65,100.0 元／平方公尺
歷次取得權利範圍：＊＊＊＊10000 分之 335＊＊＊＊＊＊＊＊
相關他項權利登記次序：0048-000
其他登記事項：（空白）

＊＊＊＊＊＊＊＊＊＊＊＊＊　土地他項權利部　＊＊＊＊＊＊＊＊＊＊＊＊＊＊

（0001）登記次序：0048-000　　　　　　　　　　　　權利種類：抵押權
收件年期：民國 94 年　　　　　　　　　　　　　　　　字號：新登字第 XXXXXX 號
登記日期：民國 94 年 06 月 12 日　　　　　　　　　　登記原因：設定
　所有權人：ＸＸ商業銀行股份有限公司
　住　　址：台北市中正區ＸＸＸＸＸＸＸＸＸＸＸ
債權範圍：全部
權利價值：本金最高限額新台幣＊＊＊＊7,200,000 元正
存續期間：自 094 年 06 月 09 日至 134 年 06 月 08 日
清償日期：依照各個契約約定
利　　息：依照各個契約約定
遲延利息：依照各個契約約定
違　約　金：依照各個契約約定
債　務　人：ＸＸＸ
權利標的：所有權
標的登記次序：0824
設定權利範圍：＊＊＊＊10000 分之 335＊＊＊＊＊＊＊＊
設定義務人：ＸＸＸ
證明書字號：094 新資他字第 000XX 號
共同擔保地號：順安段 0036-0000
共同擔保建號：順安段 00265-000
其他登記事項：（空白）

（本謄本列印完畢）
前次移轉現值資料，於課土地增值稅時，仍應以稅捐稽徵機關核算者為依據。

---

* 內容依據隱私性考量已做部分修改。

建物登記第二類謄本（建號全部）
新店區順安段 00265-000 建號

大安地政事務所　主　任　　ＸＸＸ　　　　　本案係依照分層負責規定授權承辦人員核發
新地電謄字第 xxxxxx 號　　　　　　　　　　　　　　　　　　　列印人員：ＸＸＸ
資料管轄機關：新北市新店地政事務所　　　　謄本核發機關：臺北市大安地政事務所

＊＊＊＊＊＊＊＊＊＊＊＊＊　建物標示部　＊＊＊＊＊＊＊＊＊＊＊＊＊＊＊＊

登記日期：民國 093 年 05 月 02 日　　　　　　　　登記原因：第一次登記
建物門牌：中興路三段ＸＸＸＸＸＸＸＸＸ-
建物坐落地號：順安段　0036-0000
主要用途：住家用
主要建材：鋼筋混凝土造
層　　數：08 層　　　　　　　　　　　　　　　　總面積：*****88.63 平方公尺
層　　次：五層　　　　　　　　　　　　　　　　層次面積：*****88.63 平方公尺
建築完成日期：民國 93 年 04 月 03 日
附屬建物用途：陽台　　　　　　　　　　　　　　面積：*****13.72 平方公尺
　共有部分：順安段 00721-000 建號**16,835.85 平方公尺
　權利範圍：*******456 分之 1*********
　　　（含停車位編號３５號，權利範圍：*******456 分之 1*********）
　　　　　順安段 01321-000 建號**4,912.63 平方公尺
　權利範圍：****1000000 分之 166*******
　　　　　順安段 01322-000 建號**2,850.33 平方公尺
　權利範圍：****1000000 分之 806*******
其他登記事項：使用執照字號：９３店使字第ＸＸＸ號

＊＊＊＊＊＊＊＊＊＊＊＊＊　建物所有權部　＊＊＊＊＊＊＊＊＊＊＊＊＊＊＊＊

（0001）登記次序：0004
登記日期：民國 94 年 06 月 12 日　　　　　　　　登記原因：買賣
原因發生日期：民國 94 年 05 月 09 日
　所有權人：ＸＸＸ
　住　　址：台北市文山區ＸＸ里ＸＸＸＸＸＸＸＸＸＸＸＸＸ
權利範圍：全部
權狀字號：094 新資建字第 XXXXX 號
當期申報地價：102 年 01 月***16,560 元／平方公尺
相關他項權利登記次序：0003-000
其他登記事項：（空白）

＊＊＊＊＊＊＊＊＊＊＊＊＊＊　建物他項權利部　＊＊＊＊＊＊＊＊＊＊＊＊＊＊＊

（0001）登記次序：0003-000　　　　　　　　　　權利種類：抵押權
收件年期：民國 94 年　　　　　　　　　　　　　　字號：新登字第 XXXXXX 號
登記日期：民國 94 年 06 月 12 日　　　　　　　　登記原因：設定
　所有權人：ＸＸ商業銀行股份有限公司
　住　　址：台北市中正區ＸＸＸＸＸＸＸＸＸＸＸ
債權範圍：全部
權利價值：本金最高限額新台幣****7,200,000 元正
存續期間：自 094 年 06 月 09 日至 134 年 06 月 08 日
清償日期：依照各個契約約定
利　　息：依照各個契約約定
遲延利息：依照各個契約約定
違 約 金：依照各個契約約定
債 務 人：ＸＸＸ
權利標的：所有權
標的登記次序：0004
設定權利範圍：全部
設定義務人：ＸＸＸ
證明書字號：094 新資他字第 000XXX 號
共同擔保地號：順安段 0036-0000
共同擔保建號：順安段 00265-000
其他登記事項：（空白）

（本謄本列印完畢）

* 內容依據隱私性考量已做部分修改。

　　謄本要看些什麼部分？首先我們必須要判斷謄本是否完整，完整的謄本，一共是由土地之【標示部】、【所有權部】、【他項權利部】，以及建物之【標示部】、【所有權部】和【他項權利部】所組成，分別表示不動產標的的土地及建物的面積大小、所有權人及其所占的權利大小、是否設有其他權利人的權利種類和條件，另外如果要想更了解標的物之座落位置、形狀、座向......還可以調閱地籍圖和建築成果圖。

　　特別要注意的是【他項權利部】的部分，顧名思義他項權利代表的就是除了該不動產所有權人本身以外之其他人，對於該不動產所擁有之法律上的權利（民法規定之不動產債權關係：抵押權）如果以房屋向銀行設定抵押借款，一定不會單獨以建物設定而土地不用設定，因為若當房屋權利依法受處分時（白話的說就是被拍賣的話），一定得要一併執行才有意義，所以分別看看土地和建物的【他項權利部】，權利內容都會是一模一樣的。

　　為什麼要先把【他項權利部】拿出來講，因為一份謄本之中也是有可能找不到【他項權利部】的，沒有他項權利也並不表示這份謄本不完整，因為這表示該不動

產的權屬非常單純，並沒有與人借貸。但是要怎麼看才會知道呢？一份沒有他項權利的謄本，究竟是調閱時不小心遺漏掉了？還是真的沒有？

我們只要看土地或建物謄本【所有權部】之 <相關他項權利登記次序>，是否表示為（空白），如果是，那表示這份謄本僅有土地和建物的【標示部】和【所有權部】就已經是完整的了，如果在其他登記事項另外記載有(0003-000) 之類的表示，這就是登記有其他事項記載於他項權利部之登記次序：(0003-000) 的頁次，是還有其他東西的，如果 <相關他項權利登記次序> 記載的不只是一組 "次序"，它可能還有其他第二順位、第三順位......以上的設定，該不動產之所有權人在債權債務上會有更複雜的權利義務關係要值得注意。

知道謄本已經完整之後，要看些什麼東西呢？【標示部】自然是要用來計算標的本身的面積，再由【所有權部】的權利範圍持分比例配合計算，土地和建物當然要各個計算，而有關共同使用部分的持分情形（公設比是多少？）如果附車位，車位是屬於單獨權狀或是公設內的車位？可否單獨過戶？

建物所有權部的「權利範圍」記載，如果不是（全部），那麼就要特別注意委託銷售物件的屋主其所有權利如何？與其他共有人的關係是否單純？委託銷售必須要取得充分的授權，必須由所有權人全體簽署委託或是提出授權書，才能確保商品標的之銷售權利。

另外如果「登記原因」是分割、合併或是其他較特別之原因，我們可能就要敏感一點，多深入去了解其中的前因後果，判斷可能接觸到的問題有哪些？比方像是（法拍）取得之所有權，那麼後手承購該案件之買方，與銀行申請房貸的額度，則也會受到影響。

三、房地產之「計價」與「計量」單位

想要看懂任何一件不動產的產權資料，最首要的第一件事當然是要弄清楚該不動產所擁有的權利範圍，也就是要懂得如何去計算不動產的大小面積有多少？

簡單說，最起碼的基本就是先要懂得計算坪數。不動產書面文件所表示使用的面積有多少？正式權狀登記的土地面積有多少？建物的面積有多少？

台灣對於房屋大小的計算單位，習慣性是以「坪」數來計算，買賣交易的價格表示，也是以「每坪多少萬元」來計算。但是在不動產之登記，不論是所有權狀或是謄本上之登載單位，都是以平方公尺來表示的，所以我們在評估產權大小和價格的同時，必須先將不動產的登記面積，由平方公尺換算成坪數（每平方公尺 = 0.3025 坪）。

土地坪數計算較為單純，就是以登記之各個地號的平方公尺面積乘上權利範圍幾分之幾，再乘上 0.3025 即為該地號持分所有的地坪面積；建物坪數的計算，就是將登記之主建物層次部份的總面積、附屬建物的面積

以及（應有持分計算後的）共同使用部份面積，全部加總為多少平方公尺之後，再乘上 0.3025，就是該房屋的總坪數。

以謄本實例來計算建物的登記面積：

主建物 ＋ 附屬建物 ＝ 88.63 + 13.72 = 102.35 m²

共同使用部份：

建號00721 (車位) ＝ 16,835.85 x (1 / 456) = 36.92 m²

建號01321 (公設) ＝ 4,912.63 x (166 / 100000) = 8.15 m²

建號01322 (公設) ＝ 2,850.33 x (806 / 100000) = 22.97 m²

其中：住宅的面積 ＝ 102.35 x 0.3025 = 30.96 (坪)

公設的面積 ＝ (8.15 + 22.97) x 0.3025 = 9.41 (坪)

車位的面積 ＝ 36.92 x 0.3025 = 11.17 (坪)

總坪數 ＝ 30.96 + 9.41 + 11.17 = 51.54 (坪)

也可以個別先乘上 0.3025分算出坪數，再以全部加總的方式來計算出總坪數！（較容易分辨出車位或是公設比的明確度。）

II 房仲常用之專有名詞術語

一、市場專有名詞

1. **直營店：**房仲連鎖品牌企業之分店，若由總公司直接派員經營管理，並由總公司負擔所有之經營成本、費用或損失，該分店之營業收益也歸屬於總公司，此種經營型式之房仲店頭營業處所，謂之直營店。

2. **加盟店：**房仲連鎖品牌企業之分店，若由投資經營者支付加盟權利金，取得連鎖品牌之企業識別，並接受總公司的監督管理制度，從事房仲業務之經營事業體，加盟主自行負擔管銷、人事……各項成本並自行承擔盈利或損失，此種經營型式之房仲店頭營業處所，謂之加盟店。

3. **不動產說明書：**房仲公司對於受託銷售之房屋標的所製作的商品說明書，內容包含銷售物件資料表、

權狀影本、謄本、地籍圖、使用分區證明、增值稅、
現況說明書及周遭環境簡介等資料之說明文件。

4. **標的物現況說明書**：房地產於委託房仲出售時，為
   避免對物件的狀況有所隱瞞，預防交易糾紛，須由
   賣方據實填寫房屋現況說明書，並親自簽名以示負
   責，以讓買方能夠充份了解買賣標的之詳細屋況與
   住戶應遵循之規範等訊息。包括：有無滲漏水、增
   建或違建，是否為海砂屋、幅射屋、凶宅，是否有
   損鄰或侵權行為，以及社區管理費用與住戶規約......
   等等資訊之說明。

5. **履約保證**：在房屋買賣成交時，因辦理過戶尚有必
   要之時間與流程，為避免過戶期間發生（如：一屋
   二賣、扣押、限制登記......）產權糾紛之變數，保障
   資金及產權交付的安全，透過銀行或建經公司做為
   履行契約之第三方保障機構，買方支付的購屋款，
   於過戶期間保留在「履約專戶」中，待產權經過買
   賣移轉登記完成後，履約購屋價金才能提撥轉支給
   賣方，如產權無法交付解約，款項得返回買方。

6. **美式仲介**：主要參考美國Century21及ＥＲＡ等公司經營模式，重視企業形象，希望提供專業安全保障及公開公正的交易過程，除了是買賣居間者，也辦理產權移轉。

7. **日式仲介**：主要參考日本三井不動產，在日本其人口相當稠密，仲介業重視公司經營管理、團隊效率及「師徒制」、「商圈耕耘」及街道管理(掃街)觀念。

8. **樓面式**：是指公司營業處所在二樓以上，由於樓面式辦公室租金相對較低，經營成本也低，透過教育訓練及人員彼此的競爭壓力，提高人員的戰鬥力；但較少論及企業形象或服務品質的觀念，同時也較沒有商圈經營及來店客源的建立，與客戶建立友誼的關係。

9. **店頭式**：是在一樓的經營方式，所採取的是「商圈精耕」的策略，鎖定固定的區域與當地的鄰里居民建立良好的關係，以尋求業務的機會，因此對於地段的行情及學區、市場、交通、地理環境等更能夠掌握，交易成功機率大增。

10. **普專（店）：** 所謂的「**普專式**」指普通專員，與高專最大的不同是採取「**高底薪、低獎金**」的制度，每個月有基本的業績要求，採責任中心制度，因為有保障底薪，對於員工也較容易要求。

11. **高專（店）：** 所謂「**高專式**」指高級專員，這類公司的從業人員通常沒有底薪，或者僅拿少數車馬費，公司採「**低底薪、高獎金**」制，主要按成交金額計算酬勞，多數房仲公司將服務費一半歸公司，一半歸業務人員所有。

12. **專任委託（專任約）：**「專任委託銷售契約書」係專賣契約，俗稱「綁約」一旦簽訂委託後，就要依照契約的相關條件、期間約定，交由仲介公司，不可以自行出售或再交由其他仲介業來銷售及介紹。

13. **一般委託（一般約）：** 一般委託契約書則是無專賣權，又稱「開放性委託」，屋主可以自己賣或同時委託他人同步進行，一旦出售時就終止委託，沒有成交，不用給付任何服務報酬。

14. **買方代尋**：故名思義就是代理買方尋屋找房子，房仲的服務項目表示有買方代尋，直接意思是為了吸引想購屋的客戶主動來尋求服務，另一層意思的目的是為了開發案件，以開發信件或廣告ＤＭ告訴屋主，自己有許多潛在買方，以利於開發簽委託。

15. **斡旋金**：俗稱「軟定」，係仲介買賣普遍接受度較高之慣例，由買方預先交付一筆現金，並附書面承諾購買房屋之條件，屋主若不同意，則如數返還現金；若同意出售，該斡旋金則立即轉為定金，契約成立。事後如買方反悔，屋主即沒收定金；若屋主反悔不賣，則依定金數額加倍返還買方。

16. **要約書**：為買方向屋主表達欲購買房屋之意思表示文書，買方不須支付費用，而以書面承諾其欲購買之價金及條件，若屋主簽名表示同意書面之內容，即代表買賣成交、契約生效。事後如有任何一方反悔（不買或不賣）之違約情形發生，需支付他方合約總價之３％為罰款。

17. **不動產經紀業**：包括仲介業及代銷業，仲介業務辦理不動產買賣、互易、租賃之居間或代理業務。代銷業務則是受起造人或建築業之委託，負責企劃並代理銷售不動產之業務。

18. **不動產經紀人**：經國家考試及格，應具備一年以上之經紀營業員經驗，並請領有不動產經紀人證書者，得充不動產經紀人，該證書有效期間為四年，期滿時，經紀人應檢附其於四年內在中央主管機關認可之機構、團體完成專業訓練三十個小時以上之證明文件，辦理換證。

19. **不動產經紀營業員**：經中央主管機關認可之機構、團體完成經紀營業員訓練三十個小時以上，並登錄及領有經紀業營業員證明者，期滿時，經紀營業員應檢附其於四年內，在中央主管機關認可之機構、團體完成專業訓練二十個小時以上之證明文件，辦理換證。

二、業務常用名詞術語 - 行話

20. **回報**：仲介人員向業主說明委託期間的銷售情況，如：廣告的刊登、來電詢問數、帶看次數、口頭出價......等資訊。

21. **收斡**：表示已有買方以書面正式承諾出價，賣方倘未同意或拒絕，即案件確實正進行買賣雙方價格磋合之情況。一旦於案件收斡之情形，於收斡期間，為保障承諾買方斡旋之權利，該案即不得再進行其他客戶帶看與銷售的行為。如賣方不同意斡旋價格，買方仍可加價，若最終價格仍然未達共識，買方不再加價，放棄權利，該案始能接受其他買方支付斡旋之條件。

22. **轉定**：斡旋金轉為定金。即賣方已接受買方出價之條件，並簽收確認買方所支付的斡旋金，做為成交金額之部分定金，等同於該案件買賣「已成交」之意思。

23. **打預防針**：為防止客戶對於決議及承諾之條件與事項，可能發生事後反悔的變數，房仲專員與客戶在進行溝通時，會額外另行再做特別事先聲明之意思表示行為。

24. **Apple case**：指賣相條件優，且售價合理之委託銷售物件，預期容易成交之案件。

25. **芭樂 case**：指賣相不好或條件較差，且屋主委售價金又高的物件，不好賣也不太可能成交的案件。

26. **五同**：同好、同姓、同鄉、同校、同事，房仲人員以五同來拉近與消費者之間的距離。

27. **店東**：房仲加盟店的投資者，亦即是「店主」，為該加盟店的實際出資人，不一定會親自經營管理房仲店務，僅有少部分店東若親自參與店務者，才會兼任「店長」。

28. **畫商圈地圖**：房仲新手入門的第一項功課，自行繪製責任商圈之地圖。房仲人員必須熟悉責任區裡的所有商品物件，包括社區建案名稱及位置、管理員

或管委會之關係人、商家店名、環境設施、交通資訊、鄰里戶數、同業店數......等資訊,將責任範圍內的所有房地產建物與街廓巷弄的相對位置標示出自己容易識別的詳細資料及記錄。

29. **掃街**:指房仲業務直接到街上詢查有無新的可能待售標的,如:張貼售屋之紅紙條、同業售屋看板、空屋......等,或是直接派發ＤＭ以及開發信函之工作。

30. **守現場**:直接在銷售案件之現場開門坐鎮進行銷售動作,吸引近鄰、過戶之洽詢,同時搜集潛在客戶之資訊。

31. **踩線**:指開發已由同業待售之案件,拜訪同業案件之屋主,請求簽立委託銷售契約。

32. **小蜜蜂**:係指一般違法張貼於電線桿、電話亭......等明顯處之售屋小廣告,一旦清潔隊發現即會立刻清除或進行取締。

33. **靶機**：為逃避環保人員取締，房仲人員專門用於小蜜蜂上所張貼之受話門號，僅用於接聽廣告詢問並過濾買方身分之電話。

34. **打募集**：募集賣方及買方。募集賣方係指尋找待售案源，可由報紙、網路......或直接進行商圈之查訪，尋問大樓管理員、空屋、紅紙條......等潛在售屋資訊；募集買方係直接於街頭遞發宣傳單，以主動直接的方式接觸潛在購屋需求者。

35. **買方經紀人**：即銷售人員，從值班、電話接聽......等服務工作接觸到買方購屋之需求，進而代尋、帶看、收取斡旋、要約......相關購屋程序服務之房仲專員。

36. **賣方經紀人**：即開發人員，與待售案件之屋主簽立委託銷售契約之房仲專員，代表賣方提供案件銷售之相關事宜與售價資訊。

37. **冒泡或是冒全泡**：房仲成交的術語，即表示有業績進帳了；全泡係指成交案件的開發者由自己獨立完成銷售，開發與銷售的業績自己全包的意思。

38. **三角板**：房仲銷售個案的廣告看板，用厚紙板製作雙面廣告之內容，折成三角形以方便立於街頭明顯處招攬客戶的注意，屬於活動式的廣告物，仲介人員必須同時在場，避免受罰。

39. **釣魚物件**：在銷售廣告物件中，安插一些低總價或超值價格來吸引客戶來電詢問的廣告物件，目的是為了取得客戶資訊，以爭取促銷其他待售案件之機會。通常可能是拿已成交或虛構之物件來當釣魚物件，實際上並無法真正提供該物件銷售之權利。

40. **帶看**：帶客戶實際看屋，介紹銷售案件。

41. **見面談**：當銷售案件之買方出價與賣方底價差異不大，但雙方均已不再加價與讓價，形成價格接近卻無法成交之僵局時，為磋合成交目的，由仲介安排買方與賣方直接當面進行價格談判之方式。

42. **中人**：非具有不動產營業員資格，並無實際從事房仲業務，而為房仲提供買方或賣方資訊，且促成房屋買賣成交之介紹人。

43. **回殺**：為了業績，開發專員往往不論所開發的案源底價是否偏高，都先與屋主簽下委託銷售契約再說，而後再向屋主議價。更惡劣的是已經找到買主談好價錢，條件高於底價已能成交，卻又回頭與賣方殺價，以賺取更高的利潤，這就叫回殺。

44. **三角簽**：房屋過戶，買方需支付契稅，某些短期投資客為了省契稅，找熟識的代書簽約；簽約完後，即向原屋主要求借屋裝修，取得鑰匙。接著，一方面趕工裝修房子，並聯絡仲介帶人看屋；另一方面，又要求代書向原屋主藉口銀行貸款有問題等，拖延過戶時間。等到有新的買方出現，再將房子直接過戶到新買方名下，從中賺取差價。整個過程，在地政事務所裡，沒有產權的持有紀錄，當然，無法課到任何稅金。奢侈稅實施後，越來越多的投資客，要求房仲業配合，向原屋主遊說借屋裝修；不僅省下契稅，更省下 15% 的奢侈稅。這就是俗稱的「三角簽」。

45. **賺差價**：係指不動產經紀業者以不肖手段低買高賣的方式，賺取實際買賣交易價格與委託銷售價格之差額。依「不動產經紀業管理條例」之規定，仲介服務費，於買賣雙方合計之報酬，最高不得超過成交金額之 6%，若有超收之部分，亦即為賺取「差價」。

六

房地產行銷與業務技巧

I 美麗的騙局或是善意的謊言

　　百貨服飾常會以週年慶、年中特賣、年終特賣、換季大拍賣......等各式各樣的促銷活動來吸引消費者的注意，不論是以廣告促銷或是牌價「一件最低399元起」的標示，無非都是要吸引消費者上門，只要消費者肯願意進到門市專櫃裡頭，自然才會有讓商品銷售出去的機會發生。因此百貨服飾業者運用各種模式吸引消費者注意，進而引發興趣，最終的目的都是為了銷售商品。

房地產預售屋的建案，銷售的模式，不外乎也是要先吸引想購屋民眾的注意，進而引發來客的興趣，才能把房子給賣出去，因此建商為了要銷售它所興建的房屋商品，代銷公司打造美侖美奐的「樣品屋」，並以夢幻充滿想像的廣告宣傳方式吸引想購屋的民眾上門，就成為房地產預售市場銷售的標準配套模式了。

一、角色扮演不同，個性差異取決於碰到對的人

看不見的預售屋，可以用整體包裝的型態銷售，銷售的場域是打團體戰的，個別代銷人員在整個銷售領域中的角色區分，差異性不會太大。而成屋以及中古屋則是屬於房仲的主要商品，各個待售商品都是個別接受委託銷售的，每一件個案都是眼睜睜可看、可摸的實際標的，各個待售商品的好與壞，客戶可以實際看屋挑選做比較，因此除了房屋商品本身的條件之外，成屋、中古屋的仲介銷售人員所扮演的角色就特別重要了。

從事於房屋仲介的業務人員百百種，有些業務人員的口齒清淅、說話流利，一開口就很能和客戶攀親帶故地拉攏關係，一下子就好像可以跟客戶搞得很熟；有些

業務人員則是一付生澀老實的模樣，對客戶畢恭畢敬，行事態度非常地謹慎保守。可是表面上如此，要您猜看看誰的業績比較好？是不是能言善道的業務員就比較可信；沈默寡言的業務員就比較不懂？

其實就開發與銷售房屋的仲介行業來說，外放與內斂不同的個性就房仲的業務性質來說，誰好誰壞並沒有絕對的關係，這跟每一個人的個性有關，若以客戶的角度來看這件事情，有些客戶也許就是喜歡看起來老實，不太會說話的業務員，因為覺得比較不會說謊，在比較和挑選房子的時候會比較安心，可以具有較高的自主權利，遇到太會講話的業務員，反而特別有戒心，想買房子卻又不太懂，然後又擔心會受騙，深怕買賣的過程當中會被業務員吃掉。因此在買房子時有人會特別去挑選自己喜歡的業務人員來作為服務的對象，而也有一些買房子的人對於房地產的瞭解並不陌生，因此比較喜歡找有經驗的業務人員來為他們服務，會參考業務人員的意見和說詞來做判斷。

至於那一種業務人員比較好？並沒有絕對的答案，以客戶的立場來看，有些人不一定喜歡聽「實話」，而有

些人偏偏就是喜歡聽「好話」，在銷售過程的拿捏之中，惡意的欺騙與善意的謊言，兩者區別是非常大的。有時候幫助客戶做決定，是一件必要的事情，對於一些細節太認真詳細的說明反而是多餘的，因為假使造成購屋者的恐懼，最後卻因為不敢下決定而沒有賣成房子，不但自己沒有賺到成交佣金，也沒有幫助到客戶能夠買到他真正適合的房子。

二、話要說得恰到好處

一間房屋標的之買賣，看好看壞是一件非常主觀的問題，房子本身的好壞見人見智，仲介人員對於某一些好壞意見的訊息提供，獲得回饋的結果也可大可小，必須要非常仔細的拿捏，你看到的問題，並不一定得要百分之百全說，好的業務人員會斟酌真正對於客戶有所幫助並且能夠達成目的的問題去加強說明。因為促成交易才是仲介最重要的責任。

「我跟你說，這個房子當初也是我賣的，這個房子我最熟悉，包括屋主當初買多少錢我也最清楚！」對，房子前一手的交易過程也是由你經手，事實證明你最專

業，最清楚案件的來龍去脈是無庸置疑的。但是你會告訴現在的買方，說：「這屋主當初是 800 萬買的，服務費才付我們 20 萬，花大概 30 萬把房子整理了一下，現在賣你 1,050 萬，其實真的只賺你 200 萬而已！」如果客戶聽到所有的實情，知道自己被前一手賺 200 萬，感受會是如何？陳述事實的結果，你想這筆房子的買賣還談得成嗎？任誰都無法接受自己在買房子的時候，被當做一隻肥羊還甘之如飴的。

因為房仲同時扮演了買方和賣方代理進行交易的角色，善意的謊言，在銷售的過程當中是必要的，比方如賣方的底價以及買方的出價，你想如果真的百分之百的誠實透露，買方或賣方都從對方的價格為起點開始殺價或讓價，哪裡還會有服務費的空間可收取。

三、不失言，不要自己放地雷

在教客戶如何挑選房子的時候，你可以儘可能說明清楚重點、原則和方向，甚至給予建議，以展現你的專業與服務之熱忱，不過在直接給予意見，總免不了要發表你個人對於物件本身，不論是格局、環境、價格......

等等的優缺點，在初期幫客戶搜尋物件，或是與客戶實際約看物件以前，還可以和客戶一同參與表達一些意見無妨，有助於拉近與客戶之間的關係，可是在實際帶看單一或個別之銷售物件時，則要避免參與意見，以免在給予意見和評價的訊息之中，不小心有什麼地方會觸及到客戶否決該物件的地雷而不自知。

如果因為一個業務人員的純真，最後反而讓客戶沒有買到房子、或沒賣掉房子，非但不是好事，也可能是害到了客戶。假如業務人員不能夠幫助客戶成交，就不能算是在幫客戶，如此不但是生意沒成，也反而是害了自己。這就是在「大環境」與「小細節」之間，做為一個房仲人員必須要謹守的分寸，我們不要故意去陷害客戶，但也千萬不要讓自己受傷害。

開發不是為屋主賣房子
銷售才是！

　　房屋仲介的業務內容，主要的工作也就是從事於居間銷售房子，所謂的居間，當然也就是做為一個「中間者」的角色，一方面要幫人買房子、一方面也要幫人賣房子，同時之間彷彿坐擁的商機無限，不論是買房子和賣房子的對象，兩邊都可以有很多幫忙服務的機會等著你去做，感覺起來好像只要坐著等，就會有客戶主動上門的生意可做了。

　　事實上房仲要做的生意，既然是要替客人居間買賣房子，那麼主要的「商品」就是房子，想要有生意能做，你就必須要有房子給客人看，而且是要有人家想要的房子隨時提供給別人看才行，其實就像一般的超商店家沒什麼兩樣，你必須要備有商品貨物隨時給上門的客戶來買，如果你這家店沒有賣他要的商品，客戶可就馬上走人，到別家去買了！

一、開發的基本工作，就是要為店裡「進貨」

　　房仲做生意也和一般買賣業相同，為了銷售目的，你必須先要有「進貨」，你的「貨架」上必須隨時有商品展售才行，因此房仲進貨的貨源提供，可就得要一件一件從房地產市場之中去「開發」出來，也就是要尋找待售的房屋，並且請所有權人委託你來幫他賣房子，你才擁有這件房子的「商品貨物」在你的店裡展售，然後才有銷售與後續可能成交的機會，最後做成生意，口袋也才會有進帳。

　　因此「開發」房地產的待售案源，在房屋仲介的業務工作之中，其實是最基本，也是最重要的一個環節。在房仲公司的教育訓練之中，主管會教導你如何開發案件，從各種募集、踩線、調謄本、拜訪、追踪、簽委託……等等的內容與工作程序，在每一個工作的細節和流程步驟之中，主管都會一步一步要求得非常仔細，一個好的仲介人員，這當中的每一個動作也一定得要做得紮實才行。另外，在房屋買賣的開發銷售過程之中，還有許多的「眉角」往往是要等到房仲人員親身碰到了才知道、

才學得會的，因此除了標準教育訓練的課程內容得要學得紮實之外，靠房仲資深前輩的經驗傳承，也就顯得更加可貴了。

二、智慧是靠經驗磨出來的，沒長智慧以前只好先模仿

為什麼房仲新鮮人，一進到房仲之後，主管一定要叫你先去做開發物件的工作，而且不準讓你碰有關銷售的事務？許多房仲新人在剛剛進到這個領域時會有很多的問題和懷疑，問了卻得不到答案，因為學長總是會說：「反正這樣做就對了！」

房仲人員的業務能力與技巧，可由公司的訓練以及店頭實際活動與學習的經驗之中慢慢地磨出來，但是從他人的指導或是模仿學習到的，你可能知道要怎麼做，並且知道如果不這麼做又會有什麼結果，於是習以為常公式化的反應步驟在你的工作習慣之中養成，但卻不知道為什麼如此？等到新人也成為老鳥之後，碰到後輩生來跟你提問問題，你也真的說不出為什麼要這樣做，於

是也冒出同樣一句：「反正這樣做就對了！」因為學長都是這麼教的！

三、尊重店裡的每一件「商品」，委託、續約皆好談

其實在精神上，開發的角色是在幫你公司的店裡負責「進貨」的工作沒有錯，但是你必須知道你進的貨，是要賣給什麼樣的對象，你的店有什麼特色？都是什麼樣的客人來逛？為什麼其他人的房子會有信心寄在你的店裡賣？......

你應該試著說看看這些原因，先說服得了自己，你也就能說服得了屋主，願意將他的房子託給你賣，開發簽委託就是要有這樣的本事才行，不是光說你自己多厲害、多會賣房子，你要重視商品才是，重點是在客戶的房子，你是否尊重所有「寄賣」的商品，才是屋主是否也會相對尊重你的態度，由商品（房子）的本身做為互動的原點，可以延伸出去與商品（房子）相關的許多故事、或是過往的記憶、經驗、歷史.......從商品故事的原點，能夠延伸到什麼都可以談的時候，那麼你於銷售上

的努力用心、價格上的困難程度，也就沒有什麼不能說的了，當你真的有尊重屋主的房子，將它當成自己珍愛的一件商品，當你尊重你的商品，屋主也會尊重你，那麼在議價的重要關頭上，也就沒有什麼不好開口，或是不能提、不能講的了！（尊重商品，並不是說你一定要把房子賣得多好的價錢才叫尊重，而是在態度上，你也希望它能賣到好價錢，但現實上你是無能為力的，你也是盡力而為，做到你所有能做、該做的事，你也無饋於心了！）

許多的房仲專員，都知道要簽一個委託案件非常的困難，可是好不容易開發簽到了一個案子進來，卻不敢跟屋主議價，不知道開發進來的案件要如何「經營」？不知如何與屋主互動溝通？一旦帶看反應不佳，銷售人員表示不好賣時，也就不知該怎麼辦，被大家認為簽到的是個「芭樂」案件，自己也就認了，於是就只有等著合約一天一天過去，什麼都不做，等到合約到期前，又要再去面對屋主談續約時，更不知如何開口了。

III 銷售不是為買方找房子
開發才是！

如果在房仲的工作當中，你從事的是銷售的角色，心態真如同這個標題一樣，專為客戶去尋找心目中理想的房子，那麼有百分之九十九的機率，你店頭絕對找到不到客戶喜歡的，於是你反而要把力氣，去同業的案件裡頭去找，然後再去踩線、綁約，去把委託銷售的合約簽進來之後才能再跟客戶配對，邀約帶看，然後客戶如果又看不上眼，你又得重複以上的工作，再進行一次。於是你全部的力氣所花的，都是在做開發的事情，如果銷售人員不做銷售，本末倒置，為了服務買方客人，做的卻是開發的事，只用百分之一的力氣在做真正銷售的事情，怎麼可能賣得了房子？

想一想，如果你不賣自己店裡的商品，想的是如何去批貨進來，或是覬覦其他店的好貨可以轉到自己的店裡來賣，那麼，難到客人自己沒有腳？不會去別家找嗎？

聰明的仲介，不會一天到晚都在做笨的事情，把時間和精神全都花在浪費生命的上頭吧？

一、銷售的基本功夫，店裡賣什麼就銷售什麼

其實銷售在房仲業務領域的工作內容之中，和開發相較起來更為單純多了，可是話說內容單純，卻是最關鍵，也最為重要的一環，因為銷售的責任，是要客人願意掏錢買單的事，你怎麼把你店裡的商品推銷出去，把客人留在店裡消費，即使客人想找的商品，目前店裡缺貨，怎麼樣讓客人願意再等，或者再次上門？維繫客戶關係、建立顧客對於公司肯定的良好服務印象，站在一般購屋的消費者心理，每一個人對於房屋認同及喜歡的態度是絕對主觀的，客人看不上的房子，講得再多、再久也沒用，對人的印象也是，所謂「話不投機半句多」，我們從帶看服務時間的長短，就可以很容易判斷出客人對於商品的喜好程度，或是對銷售人員的印象好壞及認同程度，因此銷售工作的重點，過程非常重要！

二、銷售的進階層次，讓客戶下次進門會指定找你

要銷售房子之前，首先更重要的其實是銷售自己，因為再怎麼厲害的銷售人員，都不可能在第一次帶客人

看屋時，就能夠當場成交的，客人縱使喜歡，也還一定會複看、付斡旋金、再商議價格，在最後成交以前，銷售人員和客戶之間的互動聯繫不會只有一次，因此第一次和客戶見面帶看，如果不先行銷自己，取得客戶對於自己的好印象，那麼客戶下一次看房子，會不會考慮再找你？

因此既然房仲銷售的是中古屋，看屋次數與議價往來的頻率都是不確定性的因素，同樣的情況，你店裡沒有客戶滿意的房子，他就跑去找別家；客戶到別的店裡未必也能找到理想的房子，如果回過頭來考慮原本看過的房子時，你當初與客戶的互動，也就是他是否仍然指定找你的關鍵了。尤其是在現況所有案件幾乎都是「一般約」的環境之中，成交不僅僅是找你，有時客戶所有看過的房子，是你店裡還沒開發到的案件，都還會跟你討論、跟你報，這麼一來，你可能連開發的工作也都能兼任愉快了！

IV 話術的層次在於說故事的能力

為什麼大部分的房地產專業投資客，都非常喜歡把投資取得的房屋標的，整個重新裝潢整理，並附上精美傢俱和擺飾，全部打點好了之後，然後才會委託交給房仲人員開始賣？因為裝潢美觀漂亮的房子，自己就會說話了，有畫面的居家場景，本身就像是呈現了一種令人充滿想像的美妙故事。

待售的房子不會自己開口說話，但是卻由設計師的巧思包裝，讓它自己不用開口也能說故事，那麼負責銷售的房仲經紀人員，如果沒有說故事的能力，就真的只是單純的「帶看」，一個沒有效益的業務行程，也只不過是在浪費自己和客戶彼此的時間而已。

一、不要光是自己在演「獨角戲」

會說故事也要留意聽者的反應和互動，你丟球他要接，一來一回的互動遊戲，才玩得愉快！

我們再拿百貨服飾業的銷售來做比較！「來來來！裡面選、裡面挑，一件 290、兩件 500。」賣房子和賣 T 恤的差別，要說誰比較簡單，其實也很難說，不能就金錢大小來判斷，因為衣服便宜就一定好賣，如果路過的人沒有需要，就算再大的叫賣聲也還是不會進去，反之，一間房子動輒上百萬、上千萬，會主動來問物件、看房子的，必然是已經有相當程度的購屋打算，才會上門的，賣房子的必定也知道一件事，那就是看房子其實是很花時間的，誰會閒著沒事，花費大好的週休假日，把看房子當成休閒娛樂啊？

所以售屋並不是自己一直不斷不停的講，像在夜市裡叫賣衣服一樣，如果客人沒反應，就有如你丟了球出去，他並不接，最慘的是你丟的球他不但不接，還當做是沒看到，連撿都不撿，那麼這樣的銷售情境實在是很糟糕的；如果你問對了問題或是問到了好的問題，客人有正面的回應，那麼才算是真正銷售的開始。

二、說好故事，才能吸引互動，了解客戶

　　房屋銷售要說故事並不困難，因為可以說的內容和元素太多了，比如房子本身的格局、環境、學區、地段區位、交通……都可以是說故事的引子，不過故事若要說得好，可以引導出你想得到的目的，如你預期希望的效果並不容易。

　　想要聽故事的人，內心一樣也有他的期待，因此要說什麼故事主題之前，先確定客戶感興趣的是什麼？想聽的是什麼？因此首先會問問題很重要，懂得提問的技巧，問題問得好，比會回答問題還更有效果。於是如果想把客戶和自己的期待能夠相互產生交集，以下的幾個方向就是你必須要去引導出來的重點：

1、購買的動機

2、購買的急迫性程度

3、地段區域（交通地緣關係）

4、房屋的條件

5、預算

6、看屋經驗

7、競爭者(信任度與服務地位)

　　互動一定是有問有答、有來有往的,能夠有互動的情境,不單是溝通彼此的問題,更是獲得客戶信任的必要過程,而這些都是和客戶個人相關,他們容易表達的內容,同時也是房仲服務必須對於客戶「知己知彼」,決定成功銷售的最關鍵資訊內容。

皆大歡喜的滿趴服務費

　　房屋仲介業的營業收入，完全就是以收取服務費為唯一的來源，沒有別的，因此如果沒有服務費，也就沒有任何其他業外的收益可以多一點的補貼做為外快，因此服務費能不能收得到，收多收少，才是真正房仲業者與房仲經紀人員的本事和價值。

　　但因為同業之間的競爭，加上委託買賣房子之仲介標的，買賣雙方價格撮合不易，多數人為了盡速成交，擔心買賣過程之中只要有任可一方突生變節，於是在買賣之中價格的差異之間，寧可犧牲服務費，向客人折收佣金，給了很多的讓步，服務費也成為了殺價的其中一部分。

一、「折佣」折的不只是獎金，服務品質也被扣分了

　　成交講定了價錢很容易，但叫人家付錢可是一門藝術，更何況房仲業者的服務費，在購屋者的眼中，觀念

上就有層次上的落差了:「這又不是房價,這是買賣房子的額外費用,能少付就少付。」購屋者總認為,買賣房屋真正的預算價格很單純就是房價,服務費是給仲介業者多賺的,不是真正用來買房子的錢,就盡量少花!

可是換成自己就是從事房屋仲介的工作,你的薪水就是來自於服務費的佣收裡面,你的薪水絕對不是你的老闆或是店長,掏他自己的腰包給你的,因此如果你在服務費的收取之中,折讓了多少,相對自己的佣獎,也就等比例一樣少了多少。明白了這個道理,做為一個仲介人員,想要自己拿到多少的薪水待遇,擁有多少的價值,你就要想辦法自己去創造出自己所值的身價,該要值多少,這得全靠自己有沒有這個能力拿到滿!

一個案子成交的服務費,滿趴就是 6%,換算成實際的數字就是自己能拿到滿的業績,這個業績數字,就是你薪水的來源,不管你的身分是屬於「高專」和老闆直接拆帳,或是「普專」按公司的制度受領薪獎,全都是從這個 6% 的服務費裡頭來的。少收 1%,你原本應得的就少了六分之一;若是折半,相對結果等於你也變

成是在「領半薪」。因此一個案件成交了，可是最後服務費若被買方折 1%、賣方又要折 2%、然後最後再來個「去尾數」，這樣子東折西扣之後，你所必須要接受的事實，就是最後只吃剩下的。於是，還剩下多少？

二、會賣房子不稀奇，會收服務費才是真本事

因為仲介的營收是由服務費而來的，因此困難的地方，難就是難在，服務費的報酬就是以趴數來計算，東折西扣的事情有，但卻不可能會有任何的名目可加收，基本上這服務報酬的界線就已經是被畫在「踢腳板」上釘在牆緣了，你絕不可能再穿牆往前跨越半步，但卻有著各式各樣的情況和可能會讓你一直往後退，只要一有任何閃失，很容易就會失掉了半步、一步……要是突然一個不謹慎，一旦摔倒就整個全沒了。

所以房仲人員在面臨現實條件上刀刀是血的議價戰爭之中，真的必須要步步為營，否則一不留神被敵人砍了一刀，荷包的失血可是無法挽回的。至於如何在議價和服務費的爭戰之中能夠全身而退並且拿到滿分？佈局

戰場及戰事是非常重要的關鍵。以下有幾個重點，就買賣過程的雙方，都要各別努力去經營，如果能夠做到，您就可以擁有收足滿趴服務費的本事了。

（一） 買方的經營重點

1. **製造急迫性**：時間拖久自然也會變數多！斡旋的期間不宜壓太久，議價回報的時間盯緊，寧可到期再要求延約，以時間來製造自然合理的急迫氣氛，趁熱要求加碼決定。

2. **虛構其他競爭者**：讓客戶感受他不是唯一，有其他人的眼光和他一樣，加強客戶對於該案的肯定度，錯失可就被別人搶走了。有時買方常會後悔出價太高臨時要求減價，有虛構的競爭者也就能避免這種「回馬槍」了。

3. **突發狀況**：不一定都得做，但如果服務費在不足趴的情況下，就得在事後進行「加碼劇」來爭取同情票，請求客戶賞臉補足服務費的差額。

4. **創造尊榮**：買方認同房子有較高的價值，讓買方感受到在競爭者之中勝出，別人的急迫性被買主捷足先登了，會有一種提高尊榮，讓買主感受自己挑的有與眾不同的價值。

（二） 賣方經營的重點

1. **賣方接受房子已售出合理的價格**：要售出屋主「滿意」的價格是不可能的，讓屋主「接受」合理的價格才是聰明的。合理價並不是絕對多高或多低的價格，要促使屋主願意讓價出售，不要讓屋主感覺吃了虧，任誰都不喜歡被人佔便宜，因此議價時絕對不要讓屋主覺得有便宜了買方的感受。

2. **強調售屋急迫性與利潤滿足點的衝突性**：售屋一定會有其根本上的動機，不論是急售或為了投資賺取獲利，機會都有可能有稍縱即逝的可能，丟問題給屋主回答要如何把握機會？緣份勉強不來，顧客難尋，買方只有一個，屋主若想抓機會，籌碼只能用讓價來換。

3. **銷售的困難與辛苦度**：委託的過程之中就要一再表現，才不會讓屋主覺得你是與他對立的一方，在議價時，你才能表現出「兇手不是我」的無辜樣子，否則殺價你是殺不多、也殺不下去的。

4. **買方一定會殺價**：這一點屋主一定也明白，所以「底價」之下一定還有底！不能等到買方出現了才去探他真正的底，否則真要議價時，屋主一拿翹，空間和效率就會非常有限。

5. **服務費也是買方出的**：人多不喜歡被佔便宜，反過來，如果讓屋主覺得佔了買方的便宜，他會有一種成就與征服感，既然得了便宜，能夠讓一點空間的意願也就高了些。

　　議價與爭取服務費的過程中，為了要保有最大的優勢，首要原則一定是先要拉長戰線，拉長戰線顧名思義就是要把買賣雙方價格的空間拉大，擴大議價的空間戰場，以足夠的時間和空間讓價格於買賣雙方在有效的範圍之間廝殺，如果彼此在這個範圍裡爭戰，不論誰輸誰贏，最終仲介都可大獲全勝。

因此「創造價差」就是唯一能夠收足滿趴服務費的必要條件，別無他法！如果差價只有３％，你不可能還擠得出５％來，更何況是６％，因此至少要能先做出買賣雙方認知成交售價６％以上的差價，後續仍可留有退路，就算不小心挨了一刀，也不至於失血見骨。

七

房仲人員的
人脈與交際網絡

I 深刻的印象比名片更重要
讓客戶介紹客戶

　　一樣是做仲介，有人是從早到晚忙到不行，時間不夠用，有人卻是輕鬆自在，還有許多閒暇空餘的時間。但現實的情況並不一定是忙到死的前者業績佣獎就一定比較多，有一些情況是後者還真的賺得比較多！看起來好像很不公平，忙的人賺錢未必多，而閒的人也未必賺得少，這是沒有一定絕對的。

房仲常常有這樣的情形，就是一旦有案子成交，後續其他的案子也陸續接著成，而且接連不斷，我們稱這是一種「氣」，當「氣」順的時候，好事就會接著來，怕是一旦碰上什麼突然的變化，卡到了正順的「氣」，後續就好像會不斷地「撞牆」，怎麼做都不對，有時明明快要成的案件，突然之間，就莫名奇妙發生買方不買的情形，不然就是屋主的承諾又變卦了！

房仲業務有很多外在因素是自己無法控制的，也因此多半對於宗教信仰、風俗以及特殊習慣的尊重，真的是「寧可信其有」，要多多加以尊重，這也是一種維繫「關係」的特別敬意。

一、業務人員粗淺的第一印象，「行頭」還是要顧

回到科學領域的現實面，隨著時代的進步，資訊越來越發達，房仲人員的業務工具也越來越進步了，手上拿的東西從紙本式的資料夾進步到電子配備，而電子的配備又從手提電腦進步到平板電腦以及智慧型手機，似乎只要手上拿的配備工具越新穎，相對也就代表他所擁

有的專業能力越高。

　　不單單是房仲人員如此，幾乎所有與「業務」沾得上邊的職業，都非常講究「行頭」。從事業務性質的工作，因為所接觸的客戶絕大多數可能是不認識的人，因此要讓陌生的客戶有良好的第一印象，不外乎就是「表面工夫」，所以房仲人員，如果連表面工夫都不做，那麼在面對陌生客戶的第一關，你就被淘汰出局了，因此如果無法讓人對你有好的印象，你在一開始就沒有爭取到參賽的資格，縱使你有再大的本領也無濟於事。

　　曾經有一位房仲從業人員，在店裡值班留守時接聽到一通來電主動要委託售屋的案子。欣喜若狂，一般來說房仲要找一間委託銷售的案件，總是要千拜託、萬拜託的，沒想到坐在店裡，不出門也有案子自動送上門，「這真是天上掉下來的禮物！」

　　房仲依約準時到場準備好要簽委託，到了地點才知是一間會計師事務所，助理小姐很客氣地引他進入會客室等待，沒想到一進門，卻已經有同行三個房仲業務坐在裡面等了。

時間一到，會計師進來，坐在一端，另一端總共坐了七個來自不同品牌的房仲業務，會計師一開口就說：「我這間房子因為是屬於比較特殊的案子，客層有限，因此我只會委託專任約，所以我只會挑選你們當中的其中一位。」為了不浪費時間，會計師以視線橫掃過每一個仲介人員之後，於是就點名了：「你、你、你，留下來，其他人可以先離開了！」會計師只點了三名仲介留下來，再看他們的表現廝殺，決定最後誰來勝出。

因為那一位會計師，名下有一戶豪宅要出售，但自己實在沒有任何的時間可以跟仲介人員消磨，因此才用這種方式挑選仲介處理。

非常殘酷吧！但是，這就是現實，沒辦法的。任何人在面對這樣的場景，無論結果如何都只能接受。因此如果有人說業務的競爭可以完全不用做表面，那絕對是假的！房仲人員這麼多，不僅要和同行的業務人員相互競爭，明著要和其他同業人員一較高下，其實就連同公司的同事，也是潛在的競爭對象，因此一個成功的房仲人員，先要有條件讓不認識的人第一眼就看到你，並且決定選擇你，因此印象分數很重要！想要一眼就能讓人

對你有良好深刻的印象分數，必須要兼顧異同。

二、同質性的角色中，要扮演出特色

什麼是兼顧異同？表面上看似很矛盾，怎麼又要一樣？又要不一樣？其實這就是一種「衝突」！

能夠讓人產生記憶中的「衝突」印象，那麼就很難讓人忘記你。要擁有這種讓人記得住自己的本事，先要把握住「相同」與「相異」的應用範圍與條件。

（一）**同質性**：是要在房仲領域，讓人一看就知道你是房仲，西裝、襯衫、領帶……這是種職業符號，外表裝扮必須擁有房仲業的共同識別符號，買房子、賣房子的人自然才看得到你，進而相關於房仲領域的事物，也才願意聽聽你是怎麼樣說的。

（二）**差異性**：要與眾不同。當客戶在一群房仲業務人員的圍攻之下，每個人用的招式都一樣，客戶回應也就會像答錄機一樣，不用思考就能反應，客戶腦子裡的印象就會出現「每一個房仲業務都一

樣！」因此房仲業務，在同一個模子刻出來的基本教戰手冊之外，你有什麼和其他房仲不一樣的相異之處？

製造與同業人員的差異性，創造出個人的特色，把握以下幾個客戶的感受即可：

1．你賣房子？別人也在賣！為什麼一定要找你？

2．把房子交給你賣，對我有什麼好處？

3．如果賣房子不找你，我會有什麼損失？

當客戶如果對你用了腦筋，就會有印象、有記憶，甚至產生興趣，獲得肯定，你就勝出了。

而若是以上三點，你都能夠精準掌握住的話，自然也會出現第四點的好處：

4．以後若有房子還要買、要賣，我一定還會再找你！

那麼不一定等到客戶本人真的下一次的買賣房屋需求來臨，他一定提早就會介紹其他的客戶給你；而當他更有錢之後，投資房地產也一定會向你咨詢意見的！

三、個人的口碑，先由工作領域中的人際關係建立

　　房屋仲介，既然是要促成房屋的買、賣雙方達成交易，因此經常同時要扮演買方與賣方代表的雙重角色，因業務經營的關係，最主要其實還是在於「人」。

　　不單單只是賣東西而已，特別因為是經營人際的事業，絕對不能為了只做一次生意，就將自己的口碑給做壞了。因此仲介產業所接觸的人際關係與對象廣泛而且多樣，除了客戶端可能要分別面對買方與賣方；行政端要面對同事、店祕書、店長和店東之外，還有經紀人與代書；競爭面還有其他同業、中人、大樓管理員......

　　因此一個優秀的房仲人員，除了對於房地產這項委託銷售或購買的物件商品必須熟悉之外，相關的不動產專業知識也要非常的了解，不僅如此，一定還要在人際方面做到「八面玲瓏」，才能長長久久越做越順、越做越輕鬆。

II 銀行房貸業務員的客戶 也是房仲的潛在客戶

　　以房仲公司的商業型態，主要是以業務人員之個人開發與銷售為主的「文市」性質，不過一般「店頭」型式的房仲公司，雖然不像超商、賣場、雜貨、餐飲店......那樣於店裡直接販售商品或服務，但是既然要把店面開在大街上或是社區一樓的目的，也就是為了想要與人隨時接觸，因此也和所謂「武市」的行業一樣，必須展售店內可銷售的商品，隨時派有值班人員顧在店裡來招呼客人的必要。

一、同理心，銀行貸款專員，也要拓展人脈找業績

　　一般仲介人員要是輪值到值班的工作，就只能守在店裡不能出門，那麼主要的拜訪、開發、帶看......等等與業績效益直接相關的工作，就暫時無法進行了。不過守在店裡，除了客人之外，有時候也會有其他行業的業務人員來店裡進行推銷或是拜訪的，在各式各樣會到仲

介店頭拜訪的他行業務，其中有一種與仲介領域最常接觸的業務人員，就是銀行的房貸專員，多半銀行的房貸專員，也要拓展客源，想辦法為銀行把貸款借出去，因為房貸專員，最直接的客戶，也就是買房子的人，於是他們也會希望能夠與房仲互相配合，如果買房子的人沒有既有的銀行往來以及對於借款銀行的主觀概念，許多客戶會參考仲介跟他們介紹貸款銀行來申辦房貸。

二、不設限的人際網絡，可能會有無心插柳的收穫

不過許多房仲都認為自己只負責賣房子，房貸的事情跟自己沒有關係，銀行業務人員來訪打交道，與賣房子成交業績沒有關係，就會敷衍了事，或是推辭請人家轉去拜訪代書或其他人。

曾有一位房仲菜鳥在店頭就遇上過這樣的情境，有銀行業務來店裡自我推薦拜訪，通常和房仲業務一樣會這樣「掃街」拜訪的銀行專員，多半也是銀行的菜鳥業務才會做的事，於是值班的學長不怎麼理他，還假裝有事要忙。

　　而這位菜鳥房仲見狀，就迎上前去幫學長解危，一面招呼、一面將他引導帶出店門，在店門外，彼此相互遞交名片後又再多聊了一會兒。幾日內，那位銀行業務與他就僅有2、3次電話裡客套的問候，然後就沒有後續了，直到大約兩個月後，突然有客人直接指名要找這名房仲詢問案件。

　　在服務的過程之中，才得知原來這位客人其實是先前來訪過，那位銀行貸款業務的大伯，為了要幫這位銀行員做筆房貸的業績，同時正好也有置產購屋的打算，因此透過了那位銀行業務的推薦而找上了他。沒想到只因為當初的一面之緣，以同理心給予了別人一點點的溫暖支持，卻得到了一筆不小的成交業績。

　　像這樣一個與銀行專員的簡單互動，不過是很淺薄的人際交流，但是所得到的回饋卻難以想像，一切真的只是無心插柳而來的。由此也可以說明人際關係所帶來的好處，常常是意想不到的結果，做為一個業務人員，千萬不要先入為主，把自己的人際網絡完全僵固在職場領域裡面特別設限！

三、相同市場供應鏈，非競爭敵手，卻能互助加持

在房地產與金融的市場關係上，雖然銀行貸款的業務專員，好像是房仲的「下游」產業一般，先要有客戶找到房子要買，才有接下來的房貸事宜，房貸專員佈線多會佈在房仲或者代書這端，以便由市場的源頭綁樁，表面上好像是房仲可以給予他們好處，資金需求的貸款事由，很難回推到上游來，你吃不到他們的餅，不過既然都在房地產相關的同一供應鏈中，市場資訊的交流還是可以獲取到一定的資源。

雖然仲介交易與資金融通，兩者業務的工作內容不同，可是了解銀行貸款專員服務的對象，可都是鉅額資金借貸的客群，因此切不能小看他們的客戶領域，以為會向銀行借款的人都是因為沒錢才會去借，反過來想，銀行放心借款給這些客戶，其實是看在他們的「償債能力」以及他們背後所擁有的「資產實力」，在銀行房貸業務專員的客戶群裡，潛藏著多少的「金主」？這可是一般人所挖掘不到的！

　　況且在同一供應鏈中，彼此吃的是不同塊大餅，沒有利害關係，人際的交流不會有業績上的競爭，你不能吃的分他、他不能吃的也能分你，打好關係、建立好一定的交情，在自己房仲領域之中，同樣在服務客戶選購房屋時，還可以就資金需求方面，提供競爭對手所沒有的顧問級人脈服務，也能為自己的服務和專業形象加分不少。

四、銀行人脈不只房貸業務
鑑價專員也常有機會互動

　　以往銀行在徵信與鑑估房貸額度時，常以電話進行「訪價」，現在因為都會地區銀行授信的歷史行情，可提供參考的累積數據充足，以及「實價登錄」的資訊透明，已較少直接接觸到銀行來電訪價的機會，不過在非都會區的房地產種類、型式多元，交易並不頻繁，區域金融機構的授信評估，仍然非常仰賴區域內的仲介業者所給予的行情經驗做為參考，於是房仲和銀行估價人員的關係互動，仍然會有一定的交集。

不過現在銀行針對房貸的鑑價，實地查證的工作倒是比從前更加落實了，對於每一件申請房貸的「鑑價報告書」內容，都必須附上照片（包括：外觀、室內），並且都由銀行鑑價部門派員親自至現場拍攝，因此倘若成交的案件是空屋，銀行接受買方的房貸申請程序後，就必須聯絡房仲人員一起陪同到現場去開門給予照相。

此時，不要覺得是件麻煩的差事，銀行鑑價專員不單只有做房屋買賣交易的「購屋貸款」鑑價，鑑價人員同一天出門照相跑的也不會僅有一處而已，其他申請鑑價的買賣案件，是否為同區域之其他仲介所成交的？非買賣的案件，也可能是「增貸」或「轉貸」，這其中是不是也可能會透露出別人所不知道的商機資訊？就看你想怎樣去挖！

Ⅲ 尊重代書的專業，擁有穩固的靠山

　　房仲業務的工作重點，如果完全看在錢的份上，其實主要的業績來源只有在開發與銷售的內容上而已，但是成交之後呢？

　　「交給代書不就得了！」許多現實的業務會有這樣的心態，於是新進的人員也就有樣學樣，久了就把成交前和成交後的工作切割得非常乾淨，講開發、講銷售的經驗和技巧，可以講得頭頭是道，可是一提到成交後的過戶流程，卻是一問三不知！

　　可是就客戶的立場而言，買賣房子一開始就是和業務人員溝通互動的，房子還沒買到、尚未交屋；或是房子還沒賣掉、錢沒拿到，過程只到一半，原本溝通服務的人員就消失不見了，只交待後續由代書全權處理，這種感覺其實是會讓客戶覺得很不舒服的。

一、依賴！是讓自己「不專業」或「更專業」？

房仲服務的流程，會產生這樣奇怪的服務結構，也是本身這個行業的生態使然，一來開發和銷售才是業績薪獎的來源，業務人員的工作內容要與直接的實質效益有關；二來因為房仲業務人員的教育養成，重點沒有在「地政登記」的實務上，業務人員自己也不會積極去了解這個領域範疇的知識，在此方面也就無法給予顧客專業的資訊提供。

其實即便是如此，同樣是從事於房仲的業務工作，如果你在這個領域比別人用心，你在專業的能力上也就能突顯出你與其他人的「差異性」，不但可以獲得客戶的肯定，也會得到代書在業績以外特別的待遇和禮遇。

二、房仲品牌越大，代書專業地位越顯勢微

隨著房仲業的品牌和企業化的規模體制越來越大之後，在龐大的品牌形象制度中，代書個人的專業地位，相形之下也漸漸勢微了，體制之中代書有代書部門，專

門受理成交簽約的事宜，由於部門平行化的關係，業務人員對於代書的尊重態度已不復以往，互動模式甚至有如一般同事對待，若要嚴格說起來，這已形成非常不平衡的對等關係了！

如果房仲業務能夠認知這點專業上的尊崇地位，好歹代書可是經由國家考試等同「普考」、「特考」的公職程度競爭，而取得「地政士」資格的土地登記專業代理人之身份地位，專業的資格是不容輕忽的，許多法令實務上的專業能力，是非常值得向他們請教和學習的。

三、由代書為你加持，客戶不請自來

回到前面所提，代書的專業若能得到業務人員的尊崇，他也必定樂於回饋給你業績以外的特別禮遇，重點其實就在代書可以提供業績以外的特別禮遇會是什麼？

如果能尊崇代書為個人學習的對象，你在專業的領域上，等於是有位穩固的靠山，可以隨時替你解決疑難雜症的，加上代書的業務會接觸的人脈領域不同，你的

客源可能是要經由辛苦競爭，自行開發爭取過來的，而
代書由於所占的位階是屬於專業資格的通路，客源許多
是不請自來的，如果你與代書能夠建立良好的關係，不
同於其他的房仲業務，你就比別人更有機會得到「不請
自來」的客戶，並且已經經由代書為你事先加持介紹過
之後，你的服務也會獲得更佳的肯定，就促成案件成交
的業務效率上也能事半而功倍了。

IV 同業不是敵人，同陣線是最佳戰友

　　在資訊充分發達的這個時代，如果你還肖想自己把好案子藏起來，不給別人知道，就可以冒「獨泡」自己一個人賺，那你真的就跟不上時代了，因為當你今天冒了個獨泡，當事後大家都曉得原來是你故意不讓其他同事知道有這個案子要賣，自己獨吞機會賣掉的，那麼你可能就只賺這麼一次，以後大家都不跟你合作配合了，日後其他人的案子也都不給你機會，那麼將來更多機會的損失，恐怕會是更大的。

一、資源與資訊的競爭，合作已是新趨勢

　　雖然現在市場上多數的售屋委託案件普遍都是「一般約」，案子大致上僅止於是同店、同品牌的業務同仁在相互配合的銷售活動，業績自己人分而已。

　　不過就一個房仲店頭，在地經營久了，由於過去的成交經驗與客戶介紹客戶的機緣，有不少會是因為特殊

關係而取得服務的機會，這種唯一的「專任」案件，或許是其他仲介開發不到，甚至「踩線」也踩不來的。有些也可能是因為關係人或是自己店東的案源，不可能放給其他店家來賣，這種獨有的「專任約」，就是自己當然要賺（或者要省）開發服務費的，不過案件真的得要成交，這筆開發服務費的業績才會真的出來，因此如果自己的銷售對象與客源不夠，銷售成功的機率也相對較少，倒不如開放銷售的權利給大家，自己至少還有一半的業績是穩進帳的！於是藉由同業的資源，共同銷售自家的「專任約」，這種「跨店合作」的型式，現在其實也越來越普遍了。

你不一定非得自己找買方，畢竟自己的買方名單和資源有限，要吸引足夠的買方，可能在行銷或廣告上就得要花上更大的力氣，銷售期間也可能拉長，若能解除這種畫地自限的專任模式，開放更多人來一起銷售，案件成交去化的時間也會縮短，雖然服務費的業績收益必須要分給別人，自己少賺一半，但起碼要比自己單打獨鬥，空等更長的時間仍找不到客戶來買，案子一直成不了要好得多吧！

　　況且你這回願意分享機會給別人，他日別人也會碰到相同的案子時，一定也樂於回饋分享銷售的權利機會給你，最終大家都能夠快速地成交案件，也等於提升房仲服務品質和效率，實質上是使業績進帳的頻率提升，賺錢的速度更快，何樂而不為？

二、「團體獎金」與「拆業績」

　　以單店或同品牌仲介之間，因開發和銷售共同合作的關係已越來越重視了，尤其在直營體系中，為了加強鼓勵合作的模式，薪獎制度都有了「團體獎金」的正常規範，這表示合作的開發與銷售一定是會達到更好的結果，那麼在不同品牌之間，所謂的良性競爭，其實也包含了開發與銷售「跨店合作」的機制，各家品牌業界的店長或經營管理者都應該對這一個現實上的好處去認真思考且正視的，而不要把它視為體制外或異樣的服務行為來看待。

　　單一案件的成交，可能要經過許多人的共同合作才能圓滿達成，例如經營屋主的房仲業務，可能會找其他

的同仁配合「黑臉」與「白臉」的角色扮演來進行議價的溝通；服務買方的房仲業務，也可以找其他同仁扮演競爭的角色，舖陳帶看與促銷的行動。於是大家在合作的配合機制上，業績的分配就依照「拆點」的方式來達到合理的拆分。

對於業績成交之達成有直接貢獻幫助的有功人員，可能開發 1 人、銷售 2 人（5、2.5、2.5）；或是開發 2 人、銷售 2 人（2.5、2.5、2.5、2.5）......甚至 10 分的點數，拆給「臨時演員」1 點，其餘再分（4.5、4.5）或（3、3、3），讓所有對於業績有貢獻的參與合作同仁，都有或多或少的實質獲益。

以實質佣獎的「點數拆分」機制，相較於「團體獎金」吃大鍋飯的制度，更能夠激發房仲業務同仁對於個案經營、銷售上的積極度，並且提高業務工作上的合作默契。

三、穿不同的制服，也可能有同一個老闆

案件不再獨享，專美於單一業務人員的身上，就各個角度來看都是利多於弊的！以經營者的立場來看，可以多一點人一起合作強攻同一個案件，管它是敵是友，若是在市場上創立不同品牌，讓消費者或從業人員依照自己的口味和喜好，選擇「讓誰服務」或是「穿誰的制服」，不管案件在哪兒成交、獎金發給誰，只要在我的企業集團體系下，市場營收都是我的，因此有許多不同的房仲品牌，有些是「直營」、有些是「加盟」，由消費者或是從業人員的立場來看，似乎不同品牌的房仲彼此都是打對台的競爭對象，但在整個市場的企業版圖之下，實際上可能是同屬的關係。

就比方如「住商」與「信義」有股權投資的關係；而「永慶」也有「台慶」、「有巢氏」的 "副牌" ......同一個企業集團的合作關係我們可以理解，不同集團則是競爭者並沒有錯，不過在實際的戰場上，是敵是友還未必真的可以知曉，因為在市場上直接與客戶接觸的還是店頭，市場上的競合關係不重要，與消費者的接觸面

才是重點，聰明的「店東」也看出了這點，因此有不少房仲的投資者，在同一個區域範圍的實際經營操盤策略上，可能同時去加盟不同的品牌，因此表面上我們有時在同一個地段看到一整排「住商」、「中信」、「有巢氏」、「東森」、「21世紀」……不同品牌的房仲，或許背後其實是同一個老闆也不一定。

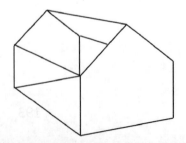

八

房仲從 0 到 100 的加速度

房屋單坪售價的 0 到 100
談市場、說價格

　　0 到 100 是一個「過程」，房地產從原本一片荒蕪的土地，等到有人能在上面蓋房子，再由人口的聚集成為一個聚落，以至於城市，再因為城市的發展，使房地產的價值高漲，再到房地產的一個單位價格能夠到達百萬之上……房地產市場的一個演進過程，有它不同的風貌與價格的呈現。

　　有了某一種商品的市場，就表示該項商品已有了買賣交易的行為產生，有人需求也有人供給，於是就興起了這項商品的產業，說白話一點，就是有一群人要靠它來吃飯的。而當房地產本身也成為了一個商品標的，有了房地產的需求和供給的市場型態，那麼在房地產這個產業裡，有多少人是靠它吃飯的？

　　回到一片荒蕪之地的場景，它可以養活什麼？如果沒有人在這片土地上開發，多少人可以靠它吃飯？當土地有了植物生命的滋長，即提供了水和食物；當有了建築遮罩，亦提供了遮風避雨的功能，可足以容下一人、兩人......或成為少數幾個人的生存處所，土地以及附著於其上之物，就有了價值。

　　所以我們可以理解房地產的價值也就是如此，當它的價值仍低，甚或於 0 的開始，無法養活人口，而隨著逐漸能夠養活少數人、至能夠養活眾人，到了以單位度量計價，有了 100 的價值，這個市場的規模，是依附在這個市場之中，多少人的生計、要吃多少飯而定的。如果房地產的市場價值只值有 5，表示房地產與其依附的

人口，相對的緊密度還不高；當市場價值來到了 20，這其中的人口對於房地產之依賴度，已成為一種生存的必須關係了；當市場價值來到了 50，表示其中的人口與該區域房地產的依存關係不但更緊密，甚至該區域人與人對於房地產的需求及渴望，已有了相當程度的競爭性；於是可想而之，當房地產的市場價值來到了 100 的數值時，房市的規模以及人口的密度，是如何激烈的競爭與緊張關係。

人口與房地產規模、價值之關聯變異程度

房市規模	房地產價值	人口密度	關聯性
-	0	0	-
小	5	10	基本
中	20	100	必需
大	50	10,000	緊密
極大	100	1,000,000	競爭、緊張

　　而從事於房屋仲介的這項產業，主要的生計來源，取量的大小也就是憑藉著房地產市場的交易服務，由於房仲業的報酬是依照市場成交價格的「趴數」計算的，當市場交易值大的時候，收入就多；市場交易值小，收入也少。

　　因此當房地產市場尚未發展成熟時，不僅是房地產的交易數量有限，房價交易的金額也不高，市場規模受限的情況下，房仲產業的總體生計環境是容不下多少人可以競相分食的。而當房市發展成熟，不僅房地產的價格隨之高昂，相對房地產買賣的市況也顯得熱絡且交易頻繁，價與量的相乘倍數之下，房仲營收的倍增也是相乘次方的效果，其業務規模的大小也就隨著 0 到 100 的加速度般爆發成長，欲小不易了。

房仲業務薪獎的 0 到 100
談職涯、講目標

Ⅱ

　　房仲業務人員，沒有任何一個是真正「本科系」畢業的，因為目前大專院校與所有技職教育的體系，並沒有培養任何房屋仲介的科班學程。因此每一個房仲業務人員，從最初進入到這個行業裡頭的一張白紙，由「菜鳥」到達「百萬經紀人」的過程，是要經過許多的試煉歷程。從開發募集待售物件時的處處碰壁、銷售帶看時被客人放鴿子、議價時飽嚐業主的閉門羹......到成交後受到顧客的肯定，以及獲得「百萬經紀人」的榮耀與獎勵。這其中必須要歷經多少時間的學習和辛苦付出？

一、為人、為物、為價格「牽成」的絕對值

　　房地產不論是房子本身（物）或是房仲業務（人）的 0 與 100 之間，都是密不可分的一種「牽成」關係，歷經了辛苦募集、開發、簽回委託銷售的房子，最後沒有賣掉，什麼都沒有，撒了多少廣告資訊出去、等待很久好不容易接到的電話，並且幫忙配對需求物件，約了

客戶去看屋，最後仍然沒有看上好房子，結果也是一場空！唯有「成交」，達到買、賣雙方的最終目的，房仲中間人的角色，才有真正的價值存在，而這價值也同時在實質的報酬之中得到回饋。因此成為一個稱職的房屋仲介人員，你的 0 到 100 之間的每一個環節，都必須要做到「完全」，能百分之百的用心做好每一個成交前所有動作，自然就能成為一個「完美房仲」，成交就會是理所當然的結果。

業務員的 0 與 100，用嚴格的標準來審視，我們應該說是 0 與 100 的絕對值，成與敗的一線之隔，不是 100、就是 0，沒有任何中間值。因為房仲在開發、銷售到成交的過程之中，只要中間有任何一段過程之中出了錯，就可能會「前功盡棄」，完全不會有成交的結果，你得要重頭來過。

有那一些過程的疏失或不確定性會造成所謂的「前功盡棄」，所有一切歸零？比方委託銷售物件的屋主對你不信任了，不肯降價、悔約、停售，或到期不再續約轉由他人專售等等情形發生，你在這個案件就出局了，甚至連公平競爭的銷售權利都沒有了；比方你帶看的買

方客戶本來很有意思想買某一間房子，沒想到他卻突然反悔不買了，不但如此，即使仍然還沒買到房子，從今以後也不讓你來帶看及介紹了。

在房地產買賣的交易市場之中，一定是有人有房子要賣、也有人想買房子，因此最後一定會有買賣的「成交」結果，想獲得這個成果，房仲人員一定得要處處與人「結緣」，想辦法接觸許多「有房子要賣」的人，以及「想要買房子的人」，並且讓「有房子要賣」的人將房子委託給你賣、讓「想要買房子的人」喜歡找你一起去看房子，這個促進「牽成」可能的過程，你都必須要非常的用心。不管過程中失去一個賣方、或是一個買方，買賣服務的機會落到了別人的身上，那麼這個「成交」的業績，也就和你「絕緣」了。

二、「破蛋」的基礎，需擁有 100 分的準備

能夠幫買賣雙方對象媒合房屋標的，然後又能搞定價格，自然是「破蛋」的關鍵，但是怎麼樣從「一無所有」的狀況下開始？怎麼樣為業績成交的機會踏出去第一步？

　　首先當然是要直接去和「市場」做接觸，而與市場做接觸，一定是先接觸「房子」之後，爾後才會因此接觸到「人」，所以每一位房仲業務的基本功，一定得先明白市場上跟你的業績息息相關的商品來源，怎麼去找？當店長、學長都已經教過你怎麼樣去開發、募集案件，傳授你相關的法規、工作流程以及業務技巧之後，走出店門你就要發揮自己的本事，一切靠自己了。

三、年薪百萬！不會只是固定底薪賺得到的

　　房仲業務不論是否有底薪，薪獎的結構都是由委託銷售的房屋成交之後所收取的服務費而來，所謂「羊毛出在羊身上」，如果就客戶與房仲公司的服務關係來說，客戶繳交服務費，因此客戶是羊；若就業務員與房仲公司的業績觀點來看，業務員成交回收的服務費要交由公司配發獎金，在薪獎抽佣的制度下，業務員是羊。

　　沒有羊就沒有毛可取，也就是說如果沒有客戶委售的物件成交，就沒有客戶支付服務費，業務員也就沒有獎金可以分，嚴格說來說，就是什麼都沒有，也等於是＂０＂，就算是直營仲介有底薪的仲介或是新人也一樣

是 " 0 " ，因為還是那句老話「羊毛出在羊身上」，底薪也是從業績的責任額之中換算出來的一部分，若想突破 " 鴨蛋 " ，實質的根本還是要有成交，有成交才會有業績，房仲業務想要達到 100 分，一定得要靠自己的真本事，為客戶買成或賣成房子，真正收到客戶的服務費，才會有真正額外的高獎金可言，所謂真正的房仲百萬經紀人，年薪真正能夠上百萬的。其薪資所得的結構來源靠的絕對是獎金收入而不是底薪，因此，在房仲這個業務領域之中，拼的仍舊是業務實力。

試想，有哪一個仲介人員，是完全光靠底薪，就能年收入百萬元的？就算是上市品牌公司「信義房屋」，也不可能給你一個月八、九萬元的底薪條件！房仲人員的所得高低看的是獎金，不管是個人獎金、團體獎金、績效獎金、超額獎金......房仲所得的 0 到 100 都是成交的客戶服務費，羊毛織出來的尺寸大小，關鍵都是來自於獎金，這可是房仲業務人員，一入行就必須要認清的事實，在這行想要吃「大鍋飯」，和所有的人一起均分利潤是不可能的事，如果自己沒本事，想在房仲業裡坐等分食的話，等到最後絕對會是餓死的結果！

Ⅲ 成交效率的加分進行式

想像一下，成交時的場景會是什麼樣子？案件會談成，一定是雙方權利人坐著，還會有張桌子，並且桌上會有份合約文件和筆的一個畫面。

既然是有白紙黑字的合約文件要簽，總不會是站著寫吧？也不可能雙方都不見面、彼此不用說句話，自然就可以成的吧？因此如果要和客戶真正做到有效率的溝通，你一定得要盡可能出現在客戶的面前，並且彼此可以坐下來聊，才可能會有達到某種目的的機會。身為一個業務，尤其是房仲，絕對不能害怕或者厭倦與客戶面對面溝通及談話的交流互動。

一張桌子、兩張椅子，兩人互相坐著，桌上是一份合約書和一枝筆。

我們最終希望見到的場景不就是如此？所以想要達成目標，回過頭來想想，是不是應該要多多安排這樣的場景，而這樣的場景要如何設計才會對於自己的簽約目

的有益？怎麼樣讓合約文件在很自然愉悅的輕鬆狀態之下呈現在客人的面前？這是需要事前不斷練習準備的。

一、「滿分」的完美演出後，永遠都懂得要重回原點

不管是第一件成交，還是第 100 件案子的成交，本質上並沒有差別，因為你永遠都是面對新的房子和新的客戶，每一回成交的完美演出之後，你都得回到原點，重新尋找新的房子和新的客戶！就像是工作內容的行事曆一樣，每週從週一開始到週日，週日過完之後又會回到週一，沒有什麼不同。

身為房仲人員，每天工作的時數相當長，假日也不能休息，看似非常多的工作時間中，客戶的時間不是我們可以掌握決定的，如果是朝九晚五的職員或一般上班族，平常時他們都在工作，因此就必須花其他時間投入與他們聯絡互動，安排所謂有效率的拜訪活動。

不過因為房仲的工作時數就是得要這麼長，所以反而會讓自己錯覺到：「反正有的是時間！」如此在工作的效率上便常常成了影響你業績成果最大的隱藏殺機，

這不得不自知。因為其實算算一週可以和客戶接觸，真正可以和業績產值相關的工作時間其實不多，一週之中除了假日，平常日休假一天，若又碰上了輪值「值班」的工作，又是一整天不能出門募集物件或拜訪客戶，你還剩下多少時間可以執行和你的業績有直接相關的事？

房仲業務一週行事曆

	一	二	三	四	五	六	日
08:00 12:00	週會 案件討論	早會 募集開發	早會 廣告製作	早會 課程訓練	早會 集體看屋	銷售日.帶看	銷售日.帶看
12:00 18:00	募集開發	募集開發	募集開發	募集開發	銷售募集		
18:00 21:00	追踪回報	客戶拜訪	客戶拜訪	銷售募集	電話約訪		
備註		值班		休假			

* 值班：留守店頭，負責接聽電話與招呼不定時來店客戶。

二、「有效拜訪」的行程，與業績目標的達成計畫

由於能夠與客戶接觸面談，才是跟業績收入有直接關係的工作行程，你能夠安排多少次和客戶見面接觸的有效行程，就跟你最後會有多少業績和獎金的收入有很大的關係。我們甚至可以將它列入你每月、每週的工作計劃當中，將它定為目標落實去執行。

「有效拜訪」，在每週、每日的計劃行程工作目標之中，必須要為自己設定多少的數字？如果簽一件委託可能平均要有效拜訪 15 次才能簽回一件，那麼一個月必須有 5 個委託進件的「扣達」，就至少要有 75 次以上的有效拜訪行程，內容也要鎖定分配於 5 個不同對象的客戶。又如果一個月要有 2 件銷售的成交業績成果，每一件成交的背後，又平均要有 3 次收取斡旋金的頻率才有一次成交的機會，而每收一次斡旋，平均又要有效帶看過 20 次才會發生一次，那麼 1 件成交要有帶看 60 次的累績數量、2 件成交就要帶看 120 次才行。

若是一個月的業績獎金收入 20 萬元，平均要有 3 筆的成交業績進帳才可達成，而每成交一筆案件平均又

要經過平均 3 次的收斡或是 5 次的議價，每收斡一次平均要帶看 10 次，每次成功議價更改契變平均要經過 4 次的有效拜訪，那麼成交 3 筆案件的目標，至少就要帶看 90 次的銷售行程或進行 60 次議價拜訪的有效行程，相對才能獲得 20 萬元的實際薪獎入袋。

而「有效行程」要怎麼樣創造出來？可能有人會說，現在fb、LINE手機通訊軟體這麼方便，跟客戶交流只要資訊傳一傳就好，還有必要這麼「厚工」嗎？要知道，你會做的事，其他競爭者也會做，社群互動只是就基本的功夫而已，你不做就輸了！但如果要贏，除了fb、LINE的基本套餐之外，你做了什麼？還是必須要求自己落實「有效行程」的計劃執行才能真正成事。畢竟，通訊軟體雖然便利，但客戶要敷衍你也很容易，不是嗎？

別把通訊的互動，按按讚、傳貼圖、傳照片、轉發連結、笑話、勵志文或心靈雞湯......等等虛擬世界的訊息，當作是你和客戶之間的有效互動。做業績就是要踏實一點，別只是埋在社群網路裡面做太多無效的自我安慰，訊息既然很方便，那就傳給客戶說，現在去找他！

有效拜訪行程數與成交效率關係

　　有了計劃性的工作目標，也就能夠推算出可得到的收穫，當算得出薪獎多寡和工作內容和行程的相對數據之後，如果提升了業務的經驗和純熟度，又可以加速成交的效率，那麼為了業績所付出的任何一件小事，都會覺得有意義，也就更加具有動力了。

　　因此房仲業務能夠賺多或賺少，其實還是全靠自己的規劃，能夠付出多少、就能收穫多少，如果沒有付出收穫當然是 0，但努力越多，它所能夠獲得的實質薪獎回饋，卻是沒有上限的！

IV 房仲夢想職涯的成功未來式

　　每一個房仲業務都想拚百萬業績，賺百萬年薪的目的，為的是什麼？每一個人賺錢最主要的目標都是為了想要一圓自己心中的夢想，不是嗎？

一、真正的夢想計畫目標，不在標靶上

　　你想，當你進到房仲這個行業上班，為的就是想把它當成一輩子終生的職業嗎？答案當然不會。幾乎所有的房仲業務剛入行時，都只把房仲當做一個職涯的「過渡」階段，每個人都心想：「只要在仲介賺了大筆的錢，就可以提前一圓自己的夢想，開店、創業、當老闆……可以自主自由過更好的生活。」誰會真的願意每天比一般上班族早起上班，又比別人晚下班的「朝八晚十」生活，然後還沒有週末、假日的生活，如果真是這樣，哪一個男人能娶得到老婆？又哪一個女生可以嫁得掉的？

誰又可以這樣連續過十年、二十年客人隨叫隨到帶看房子的生活？試想等到你五十歲的年紀還要晚上去按陌生人家裡的電鈴，問人家房子要不要委託給你賣，那畫面豈不淒涼？

因此房仲工作，真正基礎開發與銷售的業務員，職業生命是短暫的，到了一定的條件成立之後，都是要轉型的，如果不是升任領導階層，擔任店長或管理幕僚的工作，一定是離開這個行業另尋其他的夢想了。

所以你會在房仲工作領域打算待幾年？打算在房仲這行賺到多少錢？這個階段的計畫和目標，不是等你進來之後才去想，你必須心裡要有個確定的時間和數字，才能在計畫之中如期達成你的理想。倘若沒有目標、沒有規劃，很容易會隨著時間的流逝，或是大起大落的變數，消磨掉自己當初的意志，因為在房仲的職場上，不論是從其他的業務人員或是往來的客戶之中，常看到有人在一夕之間就可以爆賺，可是轉旋卻又一蹶不振的情形，會經常不斷地發生！房仲業的高獎金、高辛苦度的對價生涯；房地產高價行情的金錢廝殺，快樂伴隨著痛

苦的存在，這樣的業務生態環境也很容易讓人迷失的，如果事先沒有確立好目標，立下堅強的意志，一旦身陷其中，入戲太深，也可能會回不來的。

二、房仲職涯發展的延伸選擇

「辛苦一陣子，輕鬆一輩子！」是每一個年輕有為的房仲新鮮人最初踏入這個行業時的原動力。

當第一個百萬入袋，給你吃到了甜頭，彷彿一切都變得很順手，有了這樣的本事，同時代表了你的能力，於是公司可能會交付給你更困難的任務，可能是升任主管或店長，請你帶店傳承教育新手，這條路除了較為辛苦之外，也肩負著更重的責任，於是有些人可能會選擇逃避，因為自個兒輕鬆過得好就好。應該如何選擇？各有不同的算盤要打。

1、管理職晉升

升任店長屬於企業體制內領導職的生涯選擇，學習整個店務的經營統合管理，對於成為未來更高經理人的

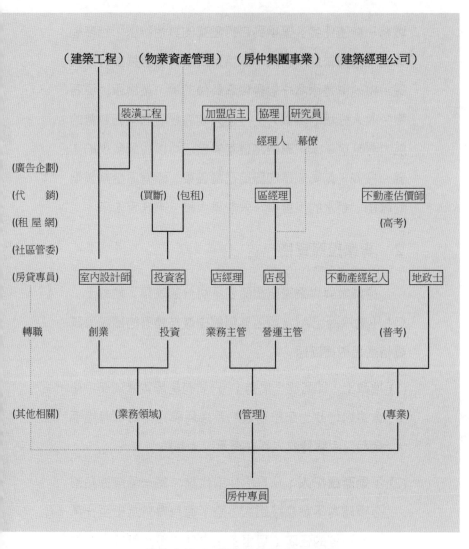

房仲人員之生涯履歷發展事業圖

職務，能勝任者，置換到自行創業的其他跑道，也多能成功；選擇單純業務職，繼續拚業績，名稱換成專案經理，做的還是原本一般房仲專員做的事，業績永遠要歸零，收入好壞的變數大，一切只能靠經驗和業務熟稔的能力再來拚，未來轉換跑道就看自己可以拚到多少的本錢，投資、創業或是加盟自己當店東，沒有原企業集團的職銜、薪水的保護傘，只能靠「錢」來決定未來。

2、專業證照資格

　　房仲業與專業證照相關密不可分的就是「地政士」與「不動產經紀人」，兩者皆需經由專技普考的國家考試資格通過取得證照。

(1) **地政士**：即所謂「代書」，只要有房屋買賣成交，便會透過地政士來辦理簽約及過戶事宜，每一筆經手過戶之手續費收入都在萬元以上起跳。

(2) **不動產經紀人**：凡是房仲或代銷，每一營業據點都必須聘有不動產經紀人，除了每月會有八千至一萬多元不等的任聘（月租金）之外，每一筆成交案件額外還有「不動產說明書」之簽證費用收入。

(3) **不動產估價師**：則是更高領域之專技門檻，須通過
國家考試之「高考」資格，取得證照開業，其收入
待遇更是可觀，堪稱是不動產界的「金飯碗」。

3、業務領域

(1) **創業**：房仲專員在短期時間就可以累積到許許多多
的看屋經驗，熟悉了住房格局佈置以及一般基本之
風水概念，不少房仲專員也因興趣的啟發而轉行從
事室內設計師，由於具有房仲與客戶談判溝通技巧
之經驗，轉型從事室內設計師的市場接受度也相當
不錯。

(2) **投資**：不少房仲專員累積足夠的資金與房地產的經
驗後，也會選擇直接投資房地產，投資的型式不外
乎是「買斷」或「包租」。投資房地產以一買一賣個
案賺取價差方式的「買斷」，涉及到案件的包裝賣相
與裝潢細節，可延伸至工程領域；「包租」則涉及到
租賃管理，可延伸至物業資產管理之領域。

4、其他相關

房仲專員如果轉職其他的工作，也可藉由既有的房地產專業知識，運用人脈或網路，從事房地產的廣告或租賃的業務，或跨至預售屋的代銷、銀行的房貸專員……等等，也可以參加「公寓大廈事務管理人員證照」課程訓練，成為有給職的「社區管委會總幹事」。

三、房仲實戰經驗學習，附加價值賺更大

因為房仲沒有「本科系」，因此每個人到了自己真正要購屋的時候，往往都在最後已經要做決定、判斷的時候，才發現自己完全都不懂，然後就只能言聽計從，任由房屋銷售人員牽著鼻子走！當你入了行之後，看了這麼多房屋銷售的招式和伎倆，不覺得什麼都不懂的消費者想要購屋，可預期的風險是多麼可怕啊！

而你在經歷過房仲的職涯領域洗禮，學習到看屋、買屋、賣屋的專業之後，當自己將來真正也要買賣房子時，你的選擇、分析、決策，會讓你挑對比別人更好的房子，更避免掉潛在風險和損失，這附加價值，若以實

質的房價價差來比較，可不是一坪用一、兩萬的價格可以來去計算的，若買一間四、五十坪的房子，你可以賺得的，恐怕要比自己辛苦賺得的薪水還要多！

意想不到的收穫，是你給予自己最大的禮物！除了職業生涯道路上計畫收成的甜美果實，這同時也是你在事業成功生涯之外，附加又再得到的收穫！

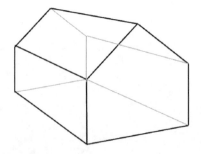

【附錄】

合約範本

契約審閱權

本契約於中華民國__年__月__日經委託人攜回審閱
日。（契約審閱期間至少為三日）

受託人簽章：

委託人簽章：

不動產委託銷售契約書範本

內 政 部 編

中華民國 92 年 6 月

受託人＿＿＿＿＿＿＿公司（或商號）接受委託人＿＿＿＿＿之委託仲介銷售下列不動產，經雙方同意訂定本契約條款如下，以資共同遵守：

第一條　委託銷售之標的

一、土地標示（詳如登記簿謄本）：

所有權人	縣市	市區鄉鎮	段	小段	地號	都市計畫使用分區(或非都市土地使用地類別)	面積(平方公尺)	有無設定他項權利、權利種類	有無租賃或占用之情形	權利範圍

二、建築改良物標示（詳如登記簿謄本）：

所有權人	縣市	市區鄉鎮	路街	段	巷	弄	號	樓	建築物完成日期		面積(平方公尺)	建號	權利範圍	有無設定他項權利、權利種類	有無租賃或占用之情形
									民國　年　月　日	主建物					
										附屬建物					
										共用部分					

三、車位標示（詳如登記簿謄本）：

　　　本停車位屬□法定停車位□自行增設停車位□獎勵增設停車□其他＿（車位情況或無法得知者自行說明）為地上（面、下）第＿層□平面式□機械式□坡道式□升降式停車位，編號第＿號車位。

　　　□有編號登記。

　　　□有土地及建築改良物所有權狀。

　　　□有建築改良物所有權狀（土地持分合併於區分所有建物之土地面積內）。

　　　□共用部分。（如有停車位之所有權及使用權之約定文件，應檢附之。）

四、□附隨買賣設備

　　　□願意附贈買方現有設備項目，計有：□燈飾□床組□梳妝台□窗廉□冰箱□熱水器□洗衣機□瓦斯爐□沙發＿組□冷氣　台□廚具　式□電話＿線□其他＿＿＿。

第二條　委託銷售價格

　　　委託人願意出售之土地、建築改良物、＿＿＿＿，總價格為新台幣＿＿＿元整，車位價格為新台幣＿＿＿元整，合計新台幣＿＿＿元整。

　　　委託售價得經委託人及受託人雙方以書面變更之。

第三條　委託銷售期間

　　　委託銷售期間自民國＿年＿月＿日起至＿年＿月＿日止。

　　　前項委託期間得經委託人及受託人雙方以書面同意延長之。

第四條　收款條件及方式

　　　委託人同意收款條件及方式如下：

收款期別	約定收款金額	應同時履行條件
第一期 （簽約款）	新台幣＿＿＿元整 （即總價款＿%）	於簽訂□成屋□土地買賣契約同時，應攜帶國民身分證以供核對，並交付土地或建築改良物所有權狀正本予：□地政士□＿＿＿。
第二期 （備證款）	新台幣＿＿＿元整 （即總價款＿%）	應備齊權狀正本，攜帶印鑑章並交付印鑑證明、身分證明文件及稅單。
第三期 （完稅款）	新台幣＿＿＿元整 （即總價款＿%）	於土地增值稅、契稅單核下後，經□地政士□＿通知日起＿日內，於委託人收款同時由委託人與買方依約繳清土地增值稅、契稅及其他欠稅。
第四期 （交屋款）	新台幣＿＿＿元整 （即總價款＿%）	房屋鎖匙及水電、瓦斯、管理費收據等。

□委託人同意受託人為促銷起見，配合買方協辦金融機構貸款，此一貸款視同交屋款。

□委託人在委託銷售標的物上原設定抵押權之處理：

□由買方向金融機構辦理貸款撥款清償並塗銷。

□由委託人於交付交屋款前清償並塗銷。

□由買方承受原債權及其抵押權。

□由買方清償並塗銷。

□＿＿＿＿＿＿＿＿＿＿＿＿＿。

第五條　服務報酬

買賣成交者，受託人得向委託人收取服務報酬，其數額為實際成交價之百分之＿（最高不得超過中央主管機關之規定）。

前項受託人之服務報酬，委託人於與買方簽訂買賣契約時，支付服務報酬百分之＿予受託人，餘百分之＿於交屋時繳清。

第六條　委託人之義務

一、於買賣成交時，稅捐稽徵機關所開具以委託人為納稅義務人之稅費，均由委託人負責繳納。

二、簽約代理人代理委託人簽立委託銷售契約書者，應檢附所有權人之授權書及印鑑證明交付受託人驗證並影印壹份，由受託人收執，以利受託人作業。

三、委託人應就不動產之重要事項簽認於不動產標的現況說明書（其格式如附件一），委託人對受託人負有誠實告知之義務，如有虛偽不實，由委託人負法律責任。

四、簽訂本契約時，委託人應提供本不動產之土地、建築改良物所有權狀影本及國民身分證影本，並交付房屋之鎖匙等物品予受託人，如有使用執照影本、管路配置圖及住戶使用維護手冊等，一併提供。

第七條　受託人之義務

一、受託人受託處理仲介事務應以善良管理人之注意為之。

二、受託人於簽約前，應據實提供該公司（或商號）近三個月之成交行情，供委託人訂定售價之參考；如有隱匿不實，應負賠償責任。

三、受託人受託仲介銷售所做市場調查、廣告企劃、買賣交涉、諮商服務、差旅出勤等活動與支出，除有第十條之規定外，均由受託人負責，受託人不得以任何理由請求委託人補貼。

四、受託人製作之不動產說明書，應指派不動產經紀人簽章，並經委託人簽認後，將副本交委託人留存；經紀人員並負有誠實告知買方之義務，如有隱瞞不實，受託人與其經紀人員應連帶負一切法律責任；其因而生損害於委託人者，受託人應負賠償責任。

五、如買方簽立「要約書」（如附件二），受託人應於二十四小時內將該要約書轉交委託人，不得隱瞞或扣留。但如因委託人之事由致無法送達者，不在此限。

六、受託人應隨時依委託人之查詢，向委託人報告銷售狀況。

七、契約成立後，委託人□同意□不同意授權受託人代為收受買方支付之定金。

八、受託人應於收受定金後廿四小時內送達委託人。但如因委託人之事由致無法送交者，不在此限。

九、有前款但書情形者，受託人應於二日內寄出書面通知表明收受定金及無法送交之事實通知委託人。

十、受託人於仲介買賣成交時，為維護交易安全，得協助辦理有關過戶及貸款手續。

十一、受託人應委託人之請求，有提供相關廣告文案資料予委託人參考之義務。

第八條　沒收定金之處理

買方支付定金後，如買方違約不買，致定金由委託人沒收者，委託人應支付該沒收定金之百分之__予受託人，以作為該次委託銷售服務之支出費用，且不得就該次再收取服務報酬。

第九條　買賣契約之簽訂及所有權移轉

受託人依本契約仲介完成者，委託人應與受託人所仲介成交之買方另行簽訂「不動產買賣契約書」，並由委託人及買方□共同□協商指定地政士辦理一切所有權移轉登記及相關手續。

第十條　委託人終止契約之責任

本契約非經雙方書面同意，不得單方任意變更之；如尚未仲介成交前因可歸責於委託人之事由而終止時，委託人應支付受託人必要之仲介銷售服務費用，本項費用視已進行之委託期間等實際情形，由受託人檢據向委託人請領之。但最高不得超過第五條原約定服務報酬之半數。

第十一條　違約之處罰

一、委託人如有下列情形之一者，視為受託人已完成仲介之義務，委託人仍應支付第五條約定之服務報酬，並應全額一次付予受託人：

（一）委託期間內，委託人自行將本契約不動產標的物出售或另行委託第三者仲介者。

（二）簽立書面買賣契約後，因可歸責於委託人之事由而解除買賣契約者。

（三）受託人已提供委託人曾經仲介之客戶資料，而委託人於委託期間屆滿後二個月內，逕與該資料內之客戶成交者。但經其他不動產經紀業仲介成交者，不在此限。

二、受託人違反第七條第四款、第五款或第八款情形之一者，委託人得解除本委託契約。

第十二條　廣告張貼

委託人□同意□不同意受託人於本不動產標的物上張貼銷售廣告。

第十三條 通知送達

委託人及受託人雙方所為之徵詢、洽商或通知辦理事項，如以書面通知時，均依本契約所載之地址為準，如任何一方遇有地址變更時，應即以書面通知他方，其因拒收或無法送達而遭退回者，均以退件日視為已依本契約受通知。

第十四條 疑義之處理

本契約各條款如有疑義時，應依消費者保護法第十一條第二項規定，為有利於委託人之解釋。

第十五條 合意管轄法院

因本契約發生之消費訴訟，雙方同意

□除專屬管轄外，以不動產所在地之法院為第一審管轄法院。但不影響消費者依其他法律所得主張之管轄。

□依仲裁法規定進行仲裁。

第十六條 附件效力及契約分存

本契約之附件一視為本契約之一部分。本契約壹式貳份，由雙方各執乙份為憑，並自簽約日起生效。

第十七條 未盡事宜之處置

本契約如有未盡事宜，依相關法令、習慣及平等互惠與誠實信用原則公平解決之。

立契約書人

　　　　受託人：
　　　　姓名（公司或商號）：
　　　　地址：
　　　　電話：
　　　　營利事業登記證：（　　　）字第　　　　　號
　　　　負責人：　　　　　　　（簽章）
　　　　國民身分證統一編號：

　　　　經紀人：
　　　　姓名：　　　　　　　　（簽章）
　　　　電話：
　　　　地址：
　　　　國民身分證統一編號：
　　　　經紀人證書字號：

　　　　委託人：
　　　　姓名：　　　　　　（簽章）
　　　　電話：
　　　　地址：
　　　　國民身分證統一編號：

中　　　華　　　民　　　國　　　　　年　　　　月　　　　　日

不動產委託銷售契約書簽約注意事項

一、適用範圍

本契約範本適用於不動產所有權人將其不動產委託不動產仲介公司（或商號）銷售時之參考，本契約之主體應為企業經營者（即仲介公司或商號），由其提供予消費者使用（即委託人）。惟消費者與仲介公司（或商號）參考本範本訂立委託銷售契約時，仍可依民法第一百五十三條規定意旨，就個別情況磋商合意而訂定之。

二、關於仲介業以加盟型態或直營型態經營時，在其廣告、市招及名片上加註經營型態之規定

（一）依據行政院公平交易委員會九十年五月二十二日公壹字第○一五二四號令發布「公平交易法對房屋仲介業之規範說明」之規定；倘房屋仲介加盟店未於廣告、市招及名片上明顯加註「加盟店」字樣，明確表示或表徵其經營之主體，而縱使施以普通注意力之消費者，仍無法分辨提供仲介服務之主體，究係該加盟體系之直營店，抑或是加盟店，並引起相當數量之交易相對人陷於錯誤之認知或決定，而與其簽訂委託買賣不動產者，將有違反公平交易法第二十一條規定之虞。故房屋仲介業者宜於廣告、市招及名片等明顯處加註「加盟店」字樣，以使消費者能清楚分辨提供仲介服務之行為主體，至於標示方式，原則上由房屋仲介業者自行斟酌採行。

（二）依據不動產經紀業管理條例施行細則第二十二條規定；經紀業係加盟經營者，應於廣告、市招及名片等明顯處，標明加盟店或加盟經營字樣。

三、有關委託銷售契約書之性質

目前國內仲介業所使用之委託契約書有兩種，即專任委託銷售契約書及一般委託銷售契約書，如屬專任委託銷售契約書則有「在委託期間內，不得自行出售或另行委託其他第三者從事與受託人同樣的仲介行為」之規定，反之，則屬一般委託銷售契約書；依本範本第十一條第一款第（一）目之規定，本範本係屬專任委託銷售契約書性質。

四、有關服務報酬之規定

本範本第五條服務報酬額度，應依內政部規定不動產經紀業報酬計收標準計收。其內容如下：

不動產經紀業報酬計收標準規定事宜如下，並自八十九年七月一日實施。（89 年 5 月 2 日台（89）中地字第 8979087 號函、89 年 7 月 19 日台（89）中地字第 8979517 號函）

（一）不動產經紀業或經紀人員經營仲介業務者，其向買賣或租賃之一方或雙方收取報酬之總額合計不得超過該不動產實際成交價金百分之六或一個半月之租金。

（二）前述報酬標準為收費之最高上限，並非主管機關規定之固定收費比率，經紀業或經紀人員仍應本於自由市場公平競爭原則個別訂定明確之收費標準，且不得有聯合壟斷、欺罔或顯失公平之行為。

（三）本項報酬標準應提供仲介服務之項目，不得少於內政部頒「不動產說明書應記載事項」所訂之範圍，不包括「租賃」案件。

（四）經紀業或經紀人員將所欲收取報酬標準及買賣或租賃一方或雙方之比率，記載於房地委託銷售契約書、要約書，或租賃委託銷售契約書、要約書，俾使買賣或租賃雙方事先充分瞭解。

五、沒收定金之效力

依坊間一般買賣習慣，承買人支付定金後，該買賣契約視同成立，如承買人不買，出賣人得沒收定金並解除契約。

六、消費爭議之申訴與調解

因本契約所發生之消費爭議，依消費者保護法第四十三條及第四十四條規定，買方得向賣方、消費者保護團體或消費者服務中心申訴；未獲妥適處理時，得向房地所在地之直轄市或縣(市)政府消費者保護官申訴；再未獲妥適處理時，得向直轄市或縣(市)消費爭議調解委員會申請調解。

不動產標的現況說明書

項次	內　　容	是	否	說　　明
1	是否為共有土地	□	□	若是，□有□無分管協議書
2	土地現況是否有出租情形	□	□	若有，則□賣方於點交前終止租約 　　　　□以現況點交 　　　　□另外協議
3	土地現況是否有被他人占用情形	□	□	若有，□賣方應於交屋前□拆除□排除 　　　　□以現況點交 　　　　□其他＿＿＿＿
4	是否有地上物	□	□	若有，地上物□建築改良物 　　　　　　□農作改良物 　　　　　　□其他＿＿＿＿
5	是否有未登記之法定他項權利	□	□	□不知 □知 □＿＿＿＿＿＿
6	建築改良物是否有包括未登記之改建、增建、加建、違建部分：	□	□	□不知 □知 □壹樓＿＿＿＿平方公尺 □＿＿樓＿＿＿＿＿平方公尺 □頂樓＿＿＿＿平方公尺 □其他＿＿＿＿＿平方公尺
7	是否有車位之分管協議及圖說	□	□	□有書面或圖說（請檢附） □口頭約定 車位管理費□有，月繳新台幣＿＿元 　　　　　　□無 　　　　　　□車位包含在大樓管理費內 使用狀況　□固定位置使用　□需承租 　　　　　□需排隊等候 　　　　　□需定期抽籤，每＿月抽籤。 　　　　　□每日先到先停。 　　　　　□其他＿＿＿＿。
8	建築改良物是否有滲漏水之情形	□	□	若有，滲漏水處：＿＿＿＿＿＿ 　　　　□以現況交屋 　　　　□賣方修繕後交屋
9	建築改良物是否曾經做過輻射屋檢測	□	□	檢測結果：＿＿＿＿＿ 輻射是否異常□是　□以現況交屋 　　　　　　□否　□賣方修繕後交屋 （民國七十一年至七十三年領得使用執照之建築物，應特別留意檢測。如欲進行改善，應向行政院原子能委員會洽詢技術協助。）
10	是否曾經做過海砂屋檢測（氯離子檢測事項）	□	□	檢測日期：＿＿年＿＿月＿＿日（請附檢測證明文件） 檢測結果：＿＿＿＿＿ (參考值：依 CNS 3090 規定預力混凝土為 0.15 kg/M³，鋼筋混凝土為 0.3 kg/M³)
11	本建物(專有部分)於賣方	□	□	

	產權持有期間是否曾發生兇殺或自殺致死之情事	☐ ☐	
12	屋內自來水及排水系統是否正常	☐ ☐	☐以現況交屋 ☐若不正常，賣方修繕後交屋
13	建築改良物現況是否有出租之情形	☐ ☐	若有，則 ☐賣方應於交屋前 ☐排除 ☐終止租約 ☐以現況交屋 ☐其他_____
14	建築改良物現況是否有被他人占用之情形	☐ ☐	若有，則☐賣方應於交屋前排除 ☐以現況交屋 ☐其他_____
15	建築改良物現況是否占用他人土地之情形	☐ ☐	若有，則☐賣方應於交屋前解決 ☐以現況交屋
16	是否使用自來水廠之自來水	☐ ☐	
17	是否使用天然瓦斯	☐ ☐	
18	是否有住戶規約	☐ ☐	若有，詳見住戶規約
19	是否約定專用協議	☐ ☐	☐有規約約定（請檢附） ☐依第____次區分所有權會議決定 管理費☐有使用償金 　　　☐有增繳新台幣__/月 使用範圍☐空地　☐露台 　　　　☐非避難之屋頂平台 　　　　☐非供車位使用之防空避難室 　　　　☐其他
20	是否有管理委員會或管理負責人	☐ ☐	若有，管理費為☐月繳__元☐季繳__元 　　　　　　☐年繳__元☐其他__
21	管理費是否有積欠情形	☐ ☐	若有，管理費__元，由☐買方☐賣方支付。
22	是否有附屬設備	☐ ☐	☐冷氣__台☐沙發__組☐床組__件☐熱水器__台 ☐窗簾__組☐燈飾__件☐梳妝台__件☐排油煙機 ☐流理台☐瓦斯爐　☐天然瓦斯（買方負擔錶租 保證金費用）　☐電話：__具（買方負擔過戶費 及保證金）☐其他__

注意：一、輻射屋檢測，輻射若有異常，應洽請行政院原子能委員會確認是否為輻射屋。
　　　二、海砂屋檢測，海砂屋含氯量，將因採樣點及採樣時間之不同而異，目前海砂屋
　　　　　含氯量尚無國家標準值。

　　其他重要事項：
　　1、
　　2、
　　3、

　　　　　　　　　受託人：＿＿＿＿＿＿＿＿（簽章）

　　　　　　　　　委託人：＿＿＿＿＿＿＿＿（簽章）

　　　　　　　　　簽章日期：＿＿＿＿年＿＿＿月＿＿＿日

中華民國 86 年 6 月 14 日內政部台(86)內地字第 8605647 號公告頒行
中華民國 87 年 8 月 19 日內政部台(87)內地字第 8790334 號公告修正
中華民國 92 年 6 月 26 日內授中辦地字第 0920082745 號公告修正

要約書範本

契約審閱權
　　本要約書及附件（不動產說明書及出售條款影本）於中華
　　民國＿年＿月＿日經買方攜回審閱＿日。（契約審閱期間至
　　少三日）
買方簽章：

　　立要約書人＿＿＿（以下簡稱買方）經由＿＿＿公司（或商號）仲介，買方願依下列條
件承購上開不動產，爰特立此要約書：

第一條　不動產買賣標的

　　　　本要約書有關不動產買賣標的之土地標示、建築改良物標示、車位標示，均
　　詳如不動產說明書。

第二條　承購總價款、付款條件及其他要約條件

一、承購總價款及同時履行條件

項　　　目	金額(新台幣：元)	應　同　時　履　行　條　件
承購總價款	元整	
第一期（頭期款） 【含定金】	＿＿＿元整	於簽訂□成屋□土地買賣契約同時，應攜帶國民身分證以供核對，並交付土地或建築改良物所有權狀正本予：□地政士□＿＿。
第二期（備證款）	＿＿＿元整	賣方應備齊權狀正本，攜帶印鑑章並交付印鑑證明、身分證明文件及稅單。
第三期（完稅款）	＿＿＿元整	於土地增值稅、契稅單核下後，經□地政士□＿＿通知日起＿日內，於委託人收款同時由委託人與買方依約繳清土地增值稅、契稅及其他欠稅。
第四期（交屋款）	＿＿＿元整	房屋鎖匙及水電、瓦斯、管理費收據等。
貸款	＿＿＿元整	

二、其他要約條件＿＿＿＿＿＿＿＿＿＿＿＿

第三條　　要約之拘束

一、本要約書須經賣方親自記明承諾時間及簽章並送達買方時，雙方即應負履行
　　簽立本約之一切義務。但賣方將要約擴張、限制或變更而為承諾時，視為拒
　　絕原要約而為新要約，須再經買方承諾並送達賣方。本要約書須併同其附件
　　送達之。

二、賣方或其受託人（仲介公司或商號）所提供之不動產說明書，經買方簽章同
　　意者，為本要約書之一部分，但本要約書應優先適用。

第四條　要約撤回權

一、買方於第七條之要約期限內有撤回權。但賣方已承諾買方之要約條件，並經
　　受託人（仲介公司或商號）送達賣方者，不在此限。

二、買方於行使撤回權時應以郵局存證信函送達，或以書面親自送達賣方，或送達至賣方所授權本要約書末頁所載＿＿公司（或商號）地址，即生撤回效力。

第五條　簽訂不動產買賣契約書之期間

本要約書依第三條承諾送達他方之日起＿日內，買賣雙方應於共同指定之處所，就有關稅費及其他費用之負擔、委託人及買方共同申請辦理或協商指定地政士、付款條件、貸款問題、交屋約定及其他相關事項進行協商後，簽訂不動產買賣契約書。

第六條　要約之生效

本要約書及其附件壹式肆份，由買賣雙方及＿公司（或商號）各執乙份為憑，另一份係為買賣雙方要約及承諾時之憑據，並自簽認日起即生要約之效力。

第七條　要約之有效期間

買方之要約期間至民國＿年＿月＿日＿時止。但要約有第三條第一款但書之情形時，本要約書及其附件同時失效。

立契約書人

買方：　　　　　　　（簽章）於　　年　　月　　日　　時簽訂本要約書。（仲介公司或商號於收受買方之要約時，應同時於空白處簽名並附註日期及時間）
電話：
地址：
國民身分證統一編號：

賣方：　　　　　　　（簽章）於　　年　　月　　日　　時同意本要約書內容並簽章。（仲介公司或商號）於賣方承諾要約條件後送達至買方時，應同時於空白處簽名並附註日期及時間）
※賣方如有修改本要約書之要約條件時，應同時註明重新要約之要約有效期限。
電話：
地址：
國民身分證統一編號：

受託人：　　　　　　（公司或商號）
地址：
電話：
營利事業登記證：（　　）字第　　　號
負責人：　　　　　　（簽章）
國民身分證統一編號：
經紀人：　　　　　　（簽章）
國民身分證統一編號：
經紀人證書字號：

中　華　民　國　　　　年　　　　　月　　　　　日　　　　　時

要約書簽約注意事項

一、要約書之性質

本範本附件二所訂要約書之性質為預約，故簽訂本要約書後，買賣雙方有協商簽立本約（不動產買賣契約）之義務。

二、要約書之審閱期限

本要約書係為消費者保護法第十七條所稱之定型化契約，故要約書前言所敘「‧‧‧經買方攜回審閱＿日（至少三日以上）‧‧‧」旨在使買方於簽訂要約書前能充分了解賣方之出售條件、不動產說明書，以保障其權益。

三、要約書之效力

買方所簽訂之要約書，除有民法第一百五十四條第一項但書之規定外，要約人因要約而受拘束。故本要約書如經賣方簽章同意並送達買方時，預約即為成立生效，除因買賣契約之內容無法合意外，雙方應履行簽立本約（不動產買賣契約書）之一切義務。

四、要約書送達之方式

關於送達之方式有許多種，舉凡郵務送達、留置送達、交付送達、囑託送達‧‧‧等，皆屬送達之方式，其主要之目的在於證據保全，以便日後發生爭議時舉證之方便，故本要約書第三條並不限制送達的方式。謹提供部分民事訴訟法送達之方法以為參考：

（一）送達人：

1、買方或賣方本人。

2、郵政機關之郵差。

3、受買賣雙方所授權（或委託）之人（如仲介業者、代理人）。

（二）應受送達之人：

1、可以送達的情況：

（1）由賣方或買方本人收受。

（2）未獲晤賣方或買方（如賣方或買方亦未委託或授權他人）時，由有辨別事理能力之同居人或受僱人代為收受。

（3）由買賣雙方所授權（或委託）之人收受。

2、無法送達的情況：

（1）寄存送達：將文書寄存送達地之自治（如鄉、鎮、市、區公所）或警察機關，並作送達通知書，黏貼於應受送達人住居所、事務所或營業所門首，以為送達。

（2）留置送達：應受送達人拒絕收領而無法律上理由者，應將文書置於送達處所，以為送達。

五、為提醒消費者簽立本約（不動產買賣契約書）時應注意之事項，謹提供有關稅費及其他費用之負擔、委託人及買方共同申請辦理或協商指定地政士及交屋約定等條文內容如下，以為參考（其內容仍可經由雙方磋商而更改）

（一）稅費及其他費用之負擔

買賣雙方應負擔之稅費除依有關規定外，並依下列規定辦理：

1、地價稅以賣方通知之交屋日為準，該日前由賣方負擔，該日後由買方負擔，其稅期已開始而尚未開徵者，則依前一年度地價稅單所載該宗基地課稅之基本稅額，按持分比例及年度日數比例分算賣方應負擔之稅額，由買方應給付賣方之買賣尾款中扣除，俟地價稅開徵時由買方自行繳納。

2、房屋稅以通知之交屋日為準，該日前由賣方負擔，該日後由買方負擔，

並依法定稅率及年度月份比例分算稅額。

3、土地增值稅、交屋日前之水電、瓦斯、電話費、管理費、簽約日前已公告並開徵之工程受益費、抵押權塗銷登記規費、抵押權塗銷代辦手續費等由賣方負擔。

4、登記規費、登記代辦手續費、印花稅、契稅、簽約日前尚未公告或已公告但尚未開徵之工程受益費等由買方負擔。

5、公證費用,得由雙方磋商由買方或賣方或當事人雙方平均負擔。

6、如有其他未約定之稅捐、費用應依法令或習慣辦理之。

(二)辦理所有權移轉登記人之指定

本買賣契約成立生效後,有關登記事宜,由買賣雙方共同申請辦理或協商指定地政士辦理一切產權過戶手續。

(三)交付

1、登記完竣__日內,賣方應依約交付不動產予買方。

2、本約不動產如有出租或有第三人佔用或非本約內之物品,概由賣方負責於點交前排除之。

3、買方給付之價款如為票據者,應俟票據兌現時,賣方始交付房屋。

4、本約不動產含房屋及其室內外定著物、門窗、燈飾、廚廁、衛浴設備及公共設施等均以簽約時現狀為準,賣方不得任意取卸、破壞,水、電、瓦斯設施應保持或恢復正常使用,如有增建建物等均應依簽約現狀連同本標的建物一併移交買方。約定之動產部份,按現狀全部點交予買方。

5、賣方應於交屋前將原設籍於本約不動產之戶籍或公司登記、營利事業登記、營業情事等全部移出。

六、仲介業者應提供消費者公平自由選擇交付「斡旋金」或使用內政部所頒「要約書」之資訊

為促進公平合理之購屋交易秩序,行政院公平交易委員會業於九十年五月二十二日以公壹字第○一五二四號令發布「公平交易法對房屋仲介業之規範說明」,明訂房屋仲介業者如提出斡旋金要求,未同時告知消費者亦得選擇採用內政部版要約書,及斡旋金契約與內政部版「要約書」之區別及其替代關係,將有違反公平交易法第二十四條規定之虞。故房屋仲介業者宜以另份書面告知購屋人有選擇採用內政部版要約書之權利,且該份書面之內容宜扼要說明「要約書」與「斡旋金」之區別及其替代關係,並經購屋人簽名確認,以釐清仲介業者之告知義務。另若仲介業者約定交付斡旋金,則宜以書面明訂交付斡旋金之目的,明確告知消費者之權利義務。

中華民國 90 年 7 月 11 日內政部台(90)內中地字第 9082362 號公告頒行(行政院消費者保護委員會第 78 次委員會議通過)

中華民國 101 年 10 月 29 日內政部內授中辦地字第 1016651845 號公告修正(行政院消費者保護會第 7 次會議通過)

契約審閱權

　　契約於中華民國＿年＿月＿日經買方攜回審閱

　　＿日（契約審閱期間至少五日）

買方簽章：

賣方簽章：

成屋買賣契約書範本

內　政　部　編

中華民國 101 年 10 月

立契約書人 買方_____ 賣方_____ 茲為下列成屋買賣事宜，雙方同意簽訂本契約，協議條款如下：

第一條　買賣標的

成屋標示及權利範圍：已登記者應以登記簿登載之面積為準。

一、土地標示：

土地坐落__縣（市）__鄉（鎮、市、區）__段__小段__地號等__筆土地，面積__平方公尺（__坪），權利範圍__，使用分區為都市計畫內__區（或非都市土地使用編定為__區__用地）。

二、建物標示：

（一）建號__。

（二）門牌__鄉（鎮、市、區）__街（路）__段__巷__弄__號__樓。

（三）建物坐落__段__小段__地號，面積__層__平方公尺__層__平方公尺__層__平方公尺其他__平方公尺共計__平方公尺，權利範圍__，用途__。

（四）附屬建物用途__面積__平方公尺。

（五）共有部分建號__，共有持分面積__平方公尺，權利範圍__。

三、本買賣停車位（如無則免填）為：

（一）□法定停車位□自行增設停車位□獎勵增設停車位□其他__。

（二）地上（下）第__層□平面式停車位□機械式停車位，總停車位__個。

（三）□有獨立權狀面積__平方公尺（__坪）□無獨立權狀，編號第__號車位__個。

（如附圖所示或登記簿記載）

本買賣範圍包括共有部分之持分面積在內，房屋現況除水電、門窗等固定設備外，買賣雙方應於建物現況確認書互為確認（附件一），賣方於交屋時應維持原狀點交，但點交時另有協議者，從其協議。

第二條　買賣價款

本買賣總價款為新臺幣__整。

一、土地價款：新臺幣__元整

二、建物價款：新臺幣__元整

三、車位總價款：新臺幣__元整

第三條　付款約定

買方應支付之各期價款，雙方同意依下列約定，於___（地址：___），交付賣方。

一、簽約款，新臺幣__元，於簽訂本契約同時支付（本款項包括已收定金__元）。

二、備證款，新臺幣__元，於__年__月__日，賣方備齊所有權移轉登記應備文件同時支付。

三、完稅款，新臺幣__元，於土地增值稅、契稅稅單核下後，經__通知日起__日內支付；同時雙方應依約繳清稅款。

四、交屋款，新臺幣__元

　　□無貸款者，於辦妥所有權移轉登記後，經__通知日起__日內支付；同時點交本買賣標的。

　　□有貸款者，依第五條及第六條約定。

　　賣方收取前項價款時，應開立收訖價款之證明交買方收執。

第四條　原設定抵押權之處理

　　本買賣標的物原有抵押權設定者，其所擔保之未償債務（包括本金、利息、遲延利息及違約金）依下列約定方式之一處理：

□買方貸款時：

　　□買方承受者，雙方應以書面另為協議確認(附件二承受原貸款確認書)。

　　□買方依第五條第一款約定授權貸款銀行代為清償並塗銷抵押權。

□買方不貸款，賣方應於完稅款或申請所有權移轉登記前清償並塗銷抵押權。如未依上述期限清償者，買方有權自價金中扣除未償債務金額並於交屋款交付前代為清償。

□其他：_____。

第五條　貸款處理之一

　　買方預定貸款新臺幣__元抵付部分買賣價款，並依下列約定辦理貸款、付款事宜：

一、買方應於交付備證款同時提供辦理貸款必備之授權代償等文件及指定融資貸款之金融機構；未指定者，得由賣方指定之。

二、貸款金額少於預定貸款金額，應依下列方式擇一處理：

（一）不可歸責於雙方時：

　　□買方應於貸款核撥同時以現金一次補足。

　　□買賣雙方得解除契約。

　　□其他_____。

（二）可歸責於賣方時：

　　□買方得解除契約，其已付價款於解除契約__日內，賣方應連同遲延利息

一併返還買方。

□賣方同意以原承諾貸款相同年限及條件由買方分期清償。

□賣方同意依原承諾貸款之利率計算利息，縮短償還期限為＿年（期間不得少於七年）由買方按月分期攤還。

□其他＿＿＿＿。

（三）可歸責於買方時：

除經賣方同意分期給付其差額外，買方應於接獲通知之日起＿日(不得少於十個金融機構營業日)給付其差額，逾期未給付賣方得解除契約。

第六條　貸款處理之二

買方應於交付完稅款前，依＿通知之日期親自完成辦理貸款所需之開戶、對保及用印等，並依下列方式擇一處理：

一、簽訂撥款委託書，授權金融機構依下列方式擇一辦理撥付。

□將實際核准之貸款金額悉數撥(匯)入賣方於＿銀行＿分行存款第＿號帳戶。

□於實際核准貸款金額範圍內，撥（匯）入＿銀行＿分行第＿號帳戶(還款專戶)，以清償原設定抵押權所擔保之貸款，俟該抵押權塗銷後，由受託金融機構將剩餘款項悉數撥(匯)入＿銀行＿分行第＿號，賣方所開立或指定之專戶。

□其他撥付方式：＿。

二、由＿通知雙方會同領款交付。但買方應於交付備證款同時開立與完稅款及交屋款同額且註明以賣方為受款人及「禁止背書轉讓」之本票（號碼：＿）或提供相當之擔保予賣方；賣方收受該價款時應將本票返還買方或解除擔保。買方未依約交付未付價款，經催告仍拒絕履行者，賣方得行使本票或擔保權利。

三、第一款撥款委託書所載金額不足支付交屋款者，其差額部分準用前款規定。

買方簽訂撥款委託書交付貸款之金融機構後，除房屋有附件一第五項至第七項所確認事項內容不實之重大瑕疵者外，買方不得撤銷、解除或變更前開貸款案之授信契約及撥款委託，或請求貸款之金融機構暫緩或停止撥付貸款。

第七條　所有權移轉

雙方應於備證款付款同時將所有權移轉登記所須檢附之文件書類備齊，並加蓋專用印章交予□受託地政士□受託律師□買方□賣方□其他＿負責辦理。

本件所有權移轉登記及相關手續，倘須任何一方補繳證件、用印或為其他必要之行為者，應無條件於＿通知之期日內配合照辦，不得刁難、推諉或藉故要求任何補貼。

買方於簽約時如指定第三人為登記名義人，應於交付必備文件前確認登記名義人，並提出以第三人為登記名義人聲明書(附件三)，該第三人應在該聲明書上聲明是否同意與本契約買方所未履行之債務負連帶給付責任並簽章。

辦理所有權移轉時，除本契約另有約定外，依下列方式辦理：

一、申報移轉現值：

□以本契約第二條之土地及建物價款申報。

□以__年度公告土地現值及建物評定現值申報。

二、賣方若主張按自用住宅用地優惠稅率課徵土地增值稅時，應於契約書內(附件四：按優惠稅率申請核課土地增值稅確認書)另行確認後，據以辦理之。

第八條　稅費負擔之約定

本買賣標的物應繳納之稅費負擔約定如下：

一、地價稅、房屋稅、水電費、瓦斯費、管理費、公共基金等稅捐或費用，在土地、建物交屋日前由賣方負責繳納，交屋日後由買方繳納；前開稅費以交屋日為準，按當年度日數比例負擔之。

二、辦理所有權移轉、抵押權設定登記時應納之稅費負擔：

（一）所有權買賣移轉

　　1、買方負擔：

　　　　印花稅、契稅、登記規費及火災或其他保險費等。

　　2、賣方負擔：

　　　　土地增值稅由賣方負擔。但有延遲申報而可歸責於買方之事由，其因而增加之土地增值稅部分由買方負擔。

　　3、其他：

　　　　簽約前如有已公告徵收工程受益費應由賣方負責繳納。其有未到期之工程受益費□由買方繳納者，買方應出具續繳承諾書。□由賣方繳清。

（二）抵押權設定登記

　　抵押權設定登記規費由買方負擔。

三、辦理本買賣有關之手續費用：

（一）簽約費

　　　□由買賣雙方各負擔新臺幣__元，並於簽約時付清。

　　　□其他___。

（二）所有權移轉代辦費新臺幣__元

　　　□由買方負擔。

　　　　□由賣方負擔。

　　　　□由雙方當事人平均負擔。

　　　　□其他___。

（三）如辦理公證者，加收辦理公證之代辦費新臺幣__元

　　　　□由買方負擔。

　　　　□由賣方負擔。

　　　　□由雙方當事人平均負擔。

　　　　□其他__。

（四）公證費用

　　　　□由買方負擔。

　　　　□由賣方負擔。

　　　　□其他___。

（五）抵押權設定登記或抵押權內容變更登記代辦費新臺幣__元

　　　　□由買方負擔。

　　　　□由賣方負擔。

　　　　□其他___。

（六）塗銷原抵押權之代辦費新臺幣__元，由賣方負擔。

四、如有其他未約定之稅捐、費用應依有關法令或習慣辦理。但交屋日逾第九條所載交屋日者，因逾期所產生之費用，由可歸責之一方負擔。

　　前項應由賣方負擔之稅費，買方得予代為繳納並自未付之價款中憑單抵扣。

第九條　交屋

　　本買賣標的物，應於□尾款交付日□貸款撥付日□__年__月__日由賣方於現場交付買方或登記名義人，賣方應於約定交屋日前搬遷完畢。交屋時，如有未搬離之物件，視同廢棄物處理，清理費用由賣方負擔。

　　因可歸責於賣方之事由，未依前項所定日期交付標的物者，買方得請求賣方自應交付日起至依約交付日止，每日按已支付全部價款萬分之二單利計算之金額，賠償買方因此所受之損害。

　　本買賣標的物倘有使用執照(正本或影本)、使用現況之分管協議、規約、大樓管理辦法、停車位使用辦法、使用維護手冊等文件，賣方除應於訂約時將其情形告知買方外，並應於本買賣標的物交屋時一併交付予買方或其登記名義人，買方或其登記名義人應繼受其有關之權利義務。

　　賣方應於交屋前將原設籍於本買賣標的之戶籍、公司登記、營利事業登記、營

業情形等全部遷離。倘未如期遷離致買方受有損害者,賣方負損害賠償責任。

第十條　賣方之瑕疵擔保責任

　　賣方擔保本買賣標的物權利清楚,並無一物數賣、被他人占用或占用他人土地等情事,如有出租或出借、設定他項權利或債務糾紛等情事,賣方應予告知,並於完稅款交付日前負責理清。有關本標的物之瑕疵擔保責任,悉依民法及其他有關法令規定辦理。

第十一條　違約之處罰

　　賣方違反第七條(所有權移轉)第一項或第二項、第九條(交屋)第一項前段約定時,買方得定相當期限催告賣方解決,逾期仍未解決者,買方得解除本契約。解約時賣方除應將買方已支付之房地價款並附加每日按萬分之二單利計算之金額,全部退還買方外,並應支付與已付房地價款同額之違約金;惟該違約金以不超過房地總價款百分之十五為限。買方不得另行請求損害賠償。

　　買方因賣方違反第九條(交屋)第一項前段約定而依本條前項約定解除契約者,除依前項約定請求損害賠償及違約金外,不得另依第九條第二項約定請求損害賠償。

　　買方逾期達五日仍未付清期款或已付之票據無法兌現時,買方應附加自應給付日起每日按萬分之二單利計算之遲延利息一併支付賣方,如逾期一個月不付期款或遲延利息,經賣方以存證信函或其他書面催告後,自送達之次日起算逾七日仍未支付者,賣方得解除契約並沒收已付價款充作違約金;惟所沒收之已付價款以不超過房地總價款百分之十五為限,賣方不得另行請求損害賠償。已過戶於買方或登記名義人名下之所有權及移交買方使用之不動產,買方應即無條件將標的物回復原狀並返還賣方。

　　賣方或買方有第一項或第三項可歸責之事由致本契約解除時,第八條所定一切稅費均由違約之一方負擔。

　　除第一項、第三項之事由應依本條約定辦理外,因本契約所生其他違約事由,依有關法令規定處理。

第十二條　通知送達及寄送

　　履行本契約之各項通知均應以契約書上記載之地址為準,如有變更未經通知他方或__,致無法送達時(包括拒收),均以第一次郵遞之日期視為送達。

　　本契約所定之權利義務對雙方之繼受人均有效力。

第十三條　合意管轄法院

因本契約發生之爭議，雙方同意□依仲裁法規定進行仲裁。□除專屬管轄外，以本契約不動產所在地之法院為第一審法院。

第十四條　契約及其相關附件效力

本契約自簽約日起生效，買賣雙方各執一份契約正本。

本契約廣告及相關附件視為本契約之一部分。

第十五條　未盡事宜之處置

本契約如有未盡事宜，依相關法令、習慣及平等互惠與誠實信用原則公平解決之。

定型化契約條款如有疑義時，應為有利於消費者之解釋。

立契約人（買方）：　　　　　簽章

國民身分證統一編號：

地址：

電話：

立契約人（賣方）：　　　　　簽章

國民身分證統一編號：

地址：

電話：

地政士：（由買賣雙方勾選下列方式之一）

□買賣雙方各自指定地政士

買方地政士：

賣方地政士：

□買賣雙方協議之地政士：

不動產經紀業：

□買方委託之不動產經紀業

□賣方委託之不動產經紀業

□買賣雙方委託之不動產經紀業

名稱（公司或商號）

地址：

電話：

統一編號：

負責人：　　　　　（簽章）

國民身分證統一編號：

不動產經紀人

　　□買方委託之不動產經紀人：

　　□賣方委託之不動產經紀人：

　　□買賣方委託之不動產經紀人：

　　　　姓名：　　　　　（簽章）

　　　　電話：

　　　　地址：

　　　　國民身分證統一編號：

　　　　證書字號：

中　華　民　國　　　　　年　　　　月　　　　日

建 物 現 況 確 認 書

項次	內　　　　容	備註說明
1	□是□否有包括未登記之改建、增建、加建、違建部分： □壹樓__平方公尺□__樓__平方公尺 □頂樓__平方公尺□其他__平方公尺	若為違建（未依法申請增、加建之建物），賣方應確實加以說明使買方得以充分認知此範圍隨時有被拆除之虞或其他危險。
2	建物現況格局：__房__廳__衛　　□無隔間 建物型態：＿＿＿＿＿。	建物現況格局以交易當時實際之現況格局為準。 建物型態依建物型態分為公寓(五樓含以下無電梯)、透天厝、店面(店鋪)、辦公商業大樓、住宅大樓(十一層含以上有電梯)、華廈(十層含以下有電梯)、套房(一房(一廳)一衛)、工廠、廠辦、農舍、倉庫、其他等型態。
3	□地上　　　　□平面式 車位情況為□地面第__層□機械式車位 　　　　　□地下　　　　□其他（__） 編號：__號　□有 　　　　　　　□無　獨立權狀 □是□否檢附分管協議及圖說	有關車位之使用方式，依本契約第九條第三項規定。 所稱機械式係指須以機械移動進出者。
4	□是□否有滲漏水之情形，滲漏水處：____。 若有滲漏水處，買賣雙方同意： □賣方修繕後交屋。 □以現況交屋：□減價□買方自行修繕□其他_____。	
5	□是□否曾經做過輻射屋檢測？ 若有，請檢附檢測證明文件。 檢測結果是否有輻射異常？□是□否 □賣方修繕後交屋。 □以現況交屋 □減價 □買方自行修繕□其他_____。	民國七十一年至七十三年領得使用執照之建築物，應特別留意檢測。如欲進行改善，應向行政院原子能委員會洽詢技術協助。
6	□是□否曾經做過混凝土中水溶性氯離子含量檢測(例如海砂屋檢測事項) 檢測結果：＿＿＿＿＿。	一、八十四年六月三十日（含）以前已建築完成之建築物，參照八十三年七月二十二日修訂公布之 CNS 3090 檢測標準，混擬土中最大水溶性氯離子含量(依水溶法)容許

		值為 0.6 kg/m³。八十四年七月一日（含）以後之建築物，混擬土中最大水溶性氯離子含量(依水溶法)容許值為 0.3 kg/m³。
		二、八十四年七月一日（含）以後依建築法規申報施工勘驗之建築物，混擬土中最大水溶性氯離子含量參照 CNS 3090 檢測標準，容許值含量為 0.3 kg/m³，檢測資料可向建築主管機關申請。
7	本建物（專有部分）是否曾發生兇殺、自殺或一氧化碳中毒致死之情事： (1)於產權持有期間□是□否曾發生上列情事。 (2)於產權持有前，賣方 　　□確認無上列情事。 　　□知道曾發生上列情事。 　　□不知道曾否發生上列情事。	
8	□是□否有消防設施 若有，項目：(1)__(2)__(3)__。	
9	自來水及排水系統經雙方當場檢驗□是□否正常，若不正常，由□買方□賣方負責維修。	
10	現況□是□否有出租或被他人占用之情形，若有，則 　　　　　　　□終止租約 □賣方應於交屋前□拆除 　　　　　　　□排除 □買賣雙方另有協議_____。	
11	現況□是□否有承租或占用他人土地之情形，若有，則 　　　　　　　□終止租約 □賣方應於交屋前□拆除 　　　　　　　□排除 □買賣雙方另有協議_____。	
12	□是□否為直轄市、縣（市）政府列管之山坡地住宅社區。 建築主管機關□有□無提供評估建議資料。	所有權人或其受託人可向縣市政府建築主管機關申請相關評估建議資料。
13	□是□否約定專用部分□有(詳見規	

	約)□無	
14	□是□否有規約;□有□無檢附規約。	檢附住戶規約
15	□是□否有管理委員會統一管理 若有,管理費為 □月繳____元 □季繳____元 □年繳____元 □其他____。 □有□無積欠管理費;若有,新臺幣 ____元。	
16	下列附屬設備 □計入建物價款中,隨同建物移轉 □不計入建物價款中,由賣方無償贈 與買方 □不計入建物價款中,由賣方搬離 □冷氣__台□沙發__組□床頭__件□ 熱水器__台□窗簾__組□燈飾__件□ 梳妝台__件□排油煙機□流理台□瓦 斯爐□天然瓦斯(買方負擔錶租保證 金費用)□電話:__具(買方負擔過戶費 及保證金)□其他____。	

賣方:_____(簽章)
買方:_____(簽章)
簽章日期:____年____月____日

附件二

承受原貸款確認書

本件買賣原設定之抵押權之債務,承受情形如下:
1、收件字號:____年____月____日____地政事務所____登字第____號
2、抵押權人_____。
3、設定金額:_____元整
4、約定時買方承受本件抵押權所擔保之未償債務(本金、遲延利息)金額新臺幣____元整。
5、承受日期____年____月____日。
6、債務承受日期前已發生之利息、遲延利息、違約金等概由賣方負擔。
7、買受人承受債務後是否享有優惠利率,應以買受人之資格條件為斷。

賣方:_____(簽章)
買方:_____(簽章)
簽章日期:____年____月____日

附件三

以第三人為登記名義人聲明書

買方＿＿＿＿＿向賣方＿＿＿＿＿購買座落＿縣（市）＿鄉（鎮、市、區）＿段＿小段＿地號等＿筆土地，及其地上建物＿＿＿建號，茲指定＿＿＿＿（國民身分證統一編號＿＿＿＿）為登記名義人，登記名義人□同意□不同意與本契約買方所應負之債務負連帶給付責任。

買　　　　方：＿＿＿＿＿＿＿＿（簽章）
登記名義人：＿＿＿＿＿＿＿＿（簽章）
簽章日期：＿＿＿年＿＿＿月＿＿＿日

附件四

按優惠稅率核課土地增值稅確認書

賣方主張按自用住宅用地優惠稅率申請核課土地增值稅。但經稅捐稽徵機關否准其申請者，賣方同意即以一般稅率開單繳納之。以上事項確認無誤。

確認人：＿＿＿＿＿＿＿＿（簽章）
簽章日期：＿＿＿年＿＿＿月＿＿＿日

成屋買賣契約書範本簽約注意事項

一、適用範圍

本契約書範本提供消費者、企業經營者及社會大眾買賣成屋時參考使用。

前項成屋，指領有使用執照，或於實施建築管理前建造完成之建築物。

二、買賣意義

稱買賣者，謂當事人約定一方移轉財產權於他方，他方支付價金之契約（民法第三百四十五條）。當事人就標的物及其價金互為同意時，買賣契約即為成立。故買受人為支付價金之人，出賣人為負移轉標的物之人。民間一般契約多以甲方、乙方稱呼之，為使交易當事人直接、清楚理解自己所處之立場與權利義務關係，乃簡稱支付價金之買受人為買方，負移轉標的物之出賣人為賣方。

三、買賣標的

（一）由於契約書之應記載事項繁多，為防止填寫筆誤或疏漏，建議將土地使用分區證明書、土地、建物權狀影本（或登記簿謄本）、共有部分附表、車位種類、位置、分管協議、規約等重要文件列為本契約之附件，視為契約之一部分。

（二）樓頂平台、法定空地、露台等，如為約定專用部分，宜特別註明，如有分管協議或規約者宜列為附件。

（三）買賣雙方對於買賣標的物是否包含違章建物、冷氣、傢俱‧‧‧或其他附屬設備等，時有爭執，本契約範本乃設計「建物現況確認書」，由買賣雙方互為確認，以杜糾紛。

（四）未依法申請增、加建之建物（定著物、工作物）仍得為買賣標的；惟政府編撰之契約書範本不鼓勵違章建築物之買賣，故未於契約本文明示，而移列於「建物現況確認書」。

（五）買賣標的之價值或其通常之效用，有滅失或減少之瑕疵，除當事人有免除擔保責任之特約外，出賣人應負法律上之擔保責任，為釐清瑕疵擔保責任歸屬，關於違章建物、房屋漏水‧‧‧等瑕疵，由買賣雙方於「建物現況確認書」確認之。

（六）所有權人於公寓大廈有數專有部分者，於部分移轉時（如二戶僅移轉一戶）其基地之應有部分多寡，依內政部八十五年二月五日台（八五）內地字第八五七八三九四號函規定，係由當事人自行約定，惟不得約定為「零」或「全部」。然為防止基地應有部分不足致買方申請貸款被金融機構駁回等情事，買賣雙方於訂約時應查明基地應有部分比例是否合理、相當，以維護買方權益。

（七）由於停車位之登記方式不一，故簽約時應查明停車位之產權登記方式、有無分擔基地持分等事實。

四、價款議定

（一）本契約範本例示土地、房屋分別計價，有益建立土地及房屋各自之交易價格資訊，又分開計價可使房屋再出售時，本契約書得為財產交易所得之原始取得憑證，倘僅列明買賣總價，依財政部規定，出售時，必須按公告土地現值與房屋評定現值之比例計算房屋交易價格。

（二）賣方為法人時，其建物價金應註明營業稅內含或外加。

（三）如買賣標的包含違章建築，或整幢透天厝之空地、一樓前後院空地有被占用者，雙方得預為議定其扣減之價額，俾利違章建築物於交屋前被拆除或被占用部分無法於限期交付使用時，買方得自買賣總價額中扣除減損標的物效用之價值。

五、付款約定

（一）依一般交易習慣，買方按簽約、備證、完稅、交屋四期付款；賣方則同時履行其相對義務。但契約另有約定者，從其約定。

（二）民法第二百四十九條第一款規定「契約履行時，定金應返還或作為給付之一部」，故明定第一次款包含定金在內，以杜買賣價金是否包括定金之爭議。

（三）關於各項付款之期間或對待給付之相對條件僅為例示性質，當事人得斟酌「同時履行」原則，按實際需要增減之。

六、貸款處理

（一）買方應衡量個人債信或先向金融機構洽辦貸款額度。

（二）買賣標的物原已設定抵押權者，買賣雙方宜於附件「買方承受原貸款確認書」簽字確認，以明責任歸屬，並提示買方應為債務人變更等行為，以保障其權利。

七、所有權移轉

（一）課稅標準、買賣價格攸關稅費負擔之多寡，其申報日期、申報價格等應於契約書中約定。

（二）賣方若主張享受優惠稅率，應先查明是否符合平均地權條例第四十一條及土地稅法第三十四條自用住宅用地優惠稅率等相關規定。

八、擔保責任

（一）依民法第三百四十八條至第三百六十六條規定，賣方應於產權移轉登記前排除任何權利瑕疵，確保買方完整取得產權及使用權，賣方並應擔保標的物於交付時，無任何價值、效用或保證品質上之物之瑕疵。

（二）當事人就標的物之權利瑕疵擔保及物之瑕疵擔保，得另為約定，但其約定不得違反民法第三百六十六條及其他強制或禁止規定。

九、違約罰則

（一）訂定契約之目的在於求某種契約內容之實現，而違約金者，乃以確保債務之履行為目的。違約金之種類可包括損害賠償預定性違約金與懲罰性違約金兩種。民法第二百五十條第二項規定之違約金係以損害賠償額預定性質為原則，本契約範本從之。但當事人仍得依約自由原則訂定懲罰性違約金。

（二）以往為促使契約內容之實現，其懲罰性之違約金多以已收價款總數或加倍為之，依契約自由原則而論，當事人約定之金額，無論高低，皆有其自由；然我國民法基於保護債務人經濟能力之考量，倘訂約之際債權人要求之違約金過高時，得依民法第二百五十二條規定向法院聲請酌減。

十、其他約定

（一）買賣雙方履行契約之各項權利義務，如以非對話之意思表示，其意思表示，以通知到達相對人時，發生效力，惟為慎重起見宜以「存證信函」方式通知，以利到達時間之舉證及避免糾紛。

（二）如有特殊情形者，應依相關法令規定及程序處理，例如：

　　1、父母處分其未成年子女之財產。

　　2、法人處分財產。

　　3、土地法第三十四條之一、第一百零四條、第一百零七條優先購買權。

十一、契約分存

（一）契約附件種類，諸如：權狀影本、登記簿謄本、規約、車位分管協議書等。企業經營者採用本契約範本時，應向消費者說明附件之內容及效力，經消費者充分瞭解、確認，以杜糾紛。

（二）訂約時務必詳審契約條文，由雙方簽章並寫明戶籍住址及國民身分證統一編號，以免權益受損。

十二、經紀人簽章

　　買賣若透過不動產經紀業辦理者，應由該經紀業指派經紀人於本契約簽章。

十三、確定訂約者之身分

　　簽約時應先確定簽訂人之身分為真正，例如國民身分證或駕駛執照或健保卡等身分證明文件之提示。如限制行為能力人或無行為能力人訂定契約時，應依民法相關規定。

十四、辦理本契約相關事宜

（一）辦理本契約所有權移轉等相關事宜，得由買方或賣方委託另一方辦理；或由雙方共同委託或各自委託合法地政士，代理申請土地（建物）相關稅務及登記事務之處理。

（二）買賣雙方若各自委託合法地政士辦理買賣相關事務，可藉由買賣雙方之地政士確認、監督、稽核不動產的交易流程是否合理，保障雙方當事人權利。依土地登記規則第二十六條、第二十七條、第三十六條第二項及第三十七條規定，土地登記之申請，得委託代理人為之，且除上開規則另有規定外，應由權利人及義務人會同申請之。亦即現行法令尚無禁止買賣雙方各自委託地政士申辦土地登記等相關事項，惟買賣雙方將增加服務費用支出。

● 房市全方位之著作發行　　● 創業投資職場課程講座
● 房仲業務內訓課程規劃　　● 多元領域之講師群陣容

智庫雲端 職場、財經、不動產專業出版發行

【房產財庫】叢書書目：

一次滿足您擁有房市最多元齊全的著作發行
集合最多房地產權威、專家與講師的心血結晶
　　　掌握不動產最具影響力的智慧與新知！

●創業投資職場課程講座　　●房市全方位之著作發行
●多元領域之講師群陣容　　●房仲業務內訓課程規劃

場、財經、不動產專業出版發行　*智庫雲端*

【職場智庫】叢書書目：

1	關鍵畫題	板硝子◎著	188 元
2	職場修煉了沒	蕭合儀◎著	260 元
3	創業錢圖-創業籌資及股權安排設計	張明義◎著	320 元
4	創業計畫書-創業錢圖(2)	張明義◎著	350 元
5	英語思維大突破	張明義◎著	300 元
6	致青春-我的記者大夢	馨　文◎著	290 元

【財經智庫】叢書書目：

1	為什麼？你賺不到我的錢	范世華◎著	250 元
2	年金改革及重分配	洪明東◎著	260 元

化部 藝術新秀(長篇小說)創作：

鸚鵡(一)李伶娟	王要正◎著	380 元

【悠遊白書】風格系列：

1	沒有手機的日子可以怎麼過？(完全手冊)	板硝子◎著	220 元
2	沒有手機的日子怎麼過？【精裝】	板硝子◎著	250 元
3	神諭－感恩惜福	板硝子◎著	190 元
4	絕色無雙－(新版)關鍵畫題	板硝子◎著	250 元

辦講座！辦活動！

不論您想舉辦任何 *免費／收費／推廣行銷活動* ……

講師、講題、課務、贈書、活動策劃　輕鬆包辦、一次搞定！

◆ 講師邀約／活動洽商／團購與優惠訂書，歡迎下列方式與我們連繫：

電話：02-2507-3316　　E-mail：tttk591@gmail.com

國家圖書館出版品預行編目（CIP）資料

房仲勝經精要 / 張欣民, 范世華著. -- 初版. --
臺北市 : 智庫雲端, 民 107.05
　　面 ;　　公分
ISBN 978-986-95417-4-9(平裝)

1.不動產業　2.仲介

554.89　　　　　　　　　　　　　　107005457

房仲勝經 －（新版）精要

作　　　者：張欣民、范世華
出　　　版：智庫雲端有限公司
發 行 人：范世華
地　　　址：104 台北市中山區長安東路 2 段 67 號 3 樓
統一編號：53348851
電　　　話：02-25073316
傳　　　真：02-25073736
E - mail：tttk591@gmail.com

總 經 銷：商流文化事業有限公司
地　　　址：235 新北市中和區中正路 752 號 8 樓
電　　　話：02-22288841
傳　　　真：02-22286939
連 絡 處：234 新北市永和區環河東路一段 118 號 1 樓
電　　　話：02-55799575
傳　　　真：02-89255898
版　　　次：2018 年（民 107）5 月初版一刷
定　　　價：320 元
I S B N：978-986-95417-4-9